Mammig

1re partie :

Les temps héroïques

Aux Éditions du Palémon

Les enquêtes de Mary Lester

1 *Les bruines de Lanester*
2 *Les diamants de l'Archiduc*
3 *La mort au bord de l'étang*
4 *Marée blanche*
Prix Fondation Paul Ricard - 1995
5 *Le manoir écarlate*
6 *Boucaille sur Douarnenez*
Association des Écrivains de l'Ouest:
Grand Prix de la Ville de Rennes - 1995
7 *L'homme aux doigts bleus*
8 *La cité des dogues*
9 *On a volé la Belle Étoile!*
10 *Brume sous le grand pont*
11 *Mort d'une rombière*
12 *Aller simple pour l'enfer*
13 *Roulette russe pour Mary Lester*
14 *À l'aube du troisième jour*
15 *Les gens de la rivière*
16 *La bougresse*
17 *La régate du St-Philibert*
18 *Le testament Duchien*
19 *L'or du Louvre*
20 *Forces noires*
21 *Couleur Canari*
22-23 *Le renard des grèves*
24 *Les fautes de Lammé-Bouret*
25 *La Variée était en noir*
26 *Rien qu'une histoire d'amour*
27 *Ça ira mieux demain*
28 *Bouboule est mort*
29 *Le passager de la Toussaint*
Prix C&C Produit en Bretagne 2007
30-31 *Te souviens-tu de Souliko'o?*
32 *Sans verser de larmes*
33-34 *Il vous suffira de mourir*
35 *Casa del Amor*
36 *Le 3e œil* du professeur Margerie
37-38 *Villa des Quatre Vents*
39 *Le visiteur du vendredi*
40-41 *La Croix des Veuves*
42-43 *État de siège pour Mary Lester*

Les aventures de Filosec et Biscoto (jeunesse)

1 *Les naufragés de l'Ile sans Nom*
Prix des Embouquineurs / Brest 1999
Prix Loustig / Pont-l'Abbé 1999
2 *Le manoir des hommes perdus*
3 *Les passagers du Sirocco - T1*
4 *Les passagers du Sirocco - T2*
5 *Monnaie de singe* (J.-L. Le Pogam)

Romans historiques

Mammig
T1 *Les temps héroïques*
T2 *Le temps des malamoks*
T3 *Pêcheurs de haute mer*

L'ombre du Vétéran
La Fontenelle, Seigneur de l'île Tristan

Théâtre

Authentique Histoire de Bélise...
Prix des Écrivains Bretons 1998

Le Festin des Gueux
(Éditions Les Mandarines)

Nouvelles

Le gros lot

L'homme que je n'ai pas tué

Jean FAILLER

Mammig

1re partie :

Les temps héroïques

ÉDITIONS DU PALÉMON

ZA de Troyalac'h - 10 rue André Michelin - 29170 Saint-Évarzec

CE LIVRE EST UN ROMAN.

Toute ressemblance avec des personnes, des noms propres, des lieux privés, des noms de firmes, des situations existant ou ayant existé, ne saurait être que le fait du hasard.

Prologue

Au milieu du XIXe siècle, les côtes du sud-Finistère étaient, aux dires des rares voyageurs qui s'y aventuraient, particulièrement inhospitalières. Les terres du bord de mer s'avéraient être pour l'essentiel des paluds* arides de rocs et de sable, bordées par une mer sauvage et battues par les vents chargés de sel.

On ne visitait pas cette côte sans nécessité: quelques douaniers y passaient au cours de leurs rondes, mais il n'y avait guère de ports d'accostage où les contrebandiers eussent pu exercer leur coupable industrie.

Parfois le naufrage d'un bateau de commerce amenait les gendarmes à cheval pour protéger les biens du pillage, mais ces gendarmes arrivaient le plus souvent après la bataille et, au mieux, ils ne trouvaient plus sur une grève que quelques planches ou quelques futailles éventrées attestant du « bris »**. Au pire, ils tombaient sur des autochtones agressifs, prêts à toutes les violences pour conserver les précieuses épaves qu'ils considéraient comme un don du ciel.

Les douaniers, les gendarmes, c'étaient là les seuls contacts qu'avait le petit peuple de la palud avec la civilisation.

** Terres incultes des bords de mer, parfois marécageuses.*

*** Nom ancien pour désigner un naufrage.*

À quelques encablures de la côte se dressait, en pleine mer, une barrière de rocs cyclopéens sur lesquels les tempêtes d'hiver venaient se briser dans un tumulte de fin du monde.

Aujourd'hui, les machines modernes ont apporté des moyens techniques propres à protéger ces endroits exposés de la côte; des travaux titanesques, que la main de l'homme n'aurait su accomplir sans leur secours, relient entre elles des têtes de roche que seul le jusant dénude, si bien que les déchaînements d'équinoxe viennent s'écraser sur ces brise-lames de béton qui maintiennent les fureurs de l'océan à distance respectable et qu'il ne reste que de petites eaux pour balayer les plages de sable blanc.

Petites eaux peut-être, mais qui terrifient toujours les terriens.

Aux temps dont je vous parle, ces défenses n'existaient pas et toute la violence des flots s'élançant des tréfonds de l'Atlantique venait s'écraser sans retenue sur les plages blanches du pays bigouden.

Certains lieux de ces terres désolées n'étaient pourtant pas tout à fait abandonnés des hommes ni de Dieu. Une échancrure dans la côte, un semblant d'abri pour quelques barques, il n'en fallait pas plus pour fixer une population maritime.

Sur une petite butte, un seigneur sans terre avait fait bâtir un manoir à la manière d'alors, aux fortes murailles percées de minuscules ouvertures.

Ce manoir, qui s'appelait Kergoz, était fièrement campé derrière des fortifications couronnées de mâchicoulis, flanqué de trois tourelles, et la plateforme crénelée de l'une d'entre elles semblait défier les écumeurs de mer si prompts à venir dépouiller plus pauvres qu'eux de leurs maigres biens. Cette fière forteresse, qui nous semble aujourd'hui bien vulnérable, semblait dire aux pirates anglais ou normands : « Venez donc vous y frotter, si vous l'osez ! »

Ces défenses à la mode de l'époque produisaient leur effet de dissuasion sur les pillards qui n'avaient souvent pour armes que des gourdins de chêne, et, pour les mieux pourvus, des épées ébréchées.

La légende raconte que l'un des premiers habitants de cette place forte fut un féroce seigneur nommé Comorre-le-Cruel. Il y vivait avec sa femme Tryphine et son fils Trémeur, un garçonnet blond comme un ange, aussi doux que son père était sanguinaire.

Dans un accès de fureur, la brute décapita son fils avec son épée. Le garçonnet, ramassant sa tête, dit alors à son père : « Qu'importe, je la porterai désormais sous mon bras au lieu de l'avoir sur les épaules ».

De saisissement et de dépit, la brute s'étouffa et mourut en proférant d'affreux blasphèmes.

Plus tard, les paysans firent bâtir en l'honneur du petit martyr la jolie chapelle de Saint-Trémeur. Sa statue s'y trouve toujours et le montre tenant à deux mains son chef décapité.

Le havre du Guilvinec - on disait *Gilfineg*, ce qui désignerait un « endroit pierreux » - n'était alors qu'une profonde faille naturelle, une aubaine pour les pêcheurs ancrés sur cette côte pavée de rocs si sournois que seuls les naturels du pays, naviguant avec leur père, leur oncle, leur cousin dès leur tendre enfance, s'y risquaient, mais jamais sans crainte.

Chacun de ces écueils porte un nom et il se trouve même un plateau rocheux de si fâcheuse réputation

- les naufrages qu'il a provoqués ne se comptent plus - qu'on a baptisé avec rancune ces sournoises têtes de roches *Ar Gisti*, ce qui, en breton signifie « les putains », preuve évidente de leur mauvaiseté.

Sur cette palud en apparence inhabitée, on trouvait parfois au détour d'un tevenn - ainsi appelle-t-on une dune en breton - quelques chaumines blotties les unes contre les autres en petits hameaux de trois ou quatre feux, semblant s'épauler pour mieux résister à la fureur des éléments.

Dans ces misérables maisons plantées là au péril des hautes eaux et arc-boutées contre les vents, quelques familles nombreuses tentaient de survivre en mettant en commun ce qu'elles pouvaient arracher aux éléments hostiles. La mer était plus généreuse que la terre. Mais elle était plus sournoise aussi ; on pleurait tellement de pêcheurs qui n'étaient jamais revenus dormir leur dernier sommeil près de leurs ancêtres au petit cimetière derrière l'église, et dont les corps décavés roulaient dans d'insondables abîmes.

Quant à la terre, maigre, sableuse, elle filait entre les doigts. Dans le courtil attenant à l'arrière de la maison poussaient quelques pommes de terre et quelques carottes de sable, seuls légumes à s'accommoder de cette glèbe inféconde.

Une chèvre, parfois une pie noire, cette petite vache bretonne aux cornes en forme de lyre, miracle permanent de la nature qui en mangeant peu donne beaucoup de lait, complétaient les ressources agricoles de la communauté.

La mer fournissait généreusement poissons, crustacés et coquillages. Parfois même, aubaine tant souhaitée, elle jetait à la côte les restes d'un navire marchand qui s'était fracassé sur la barrière rocheuse des Étocs.

N'en déduisons pas que ces Bigoudens, puisque c'est d'eux qu'il s'agit, étaient de mauvaises gens qui profitaient du malheur d'autrui. Que non! Mais, perdu pour perdu, autant tirer parti de ce malheur.

Il n'était pas une planche, pas un tonneau, pas un cordage qui ne fût récupéré. Quant aux morts, lorsque leurs malheureuses dépouilles revenaient à la côte elles étaient pieusement recueillies, et portées en terre avec le secours de la religion.

Le plus souvent ces pauvres restes n'étaient vêtus que d'un pagne lors de leur inhumation, car leurs effets ne leur auraient été d'aucune utilité pour ce long voyage et ils retournaient tout naturellement vers leur créateur dans leur état originel. Il n'y avait rien d'inconvenant à garder pour les vivants ces hardes dont les morts n'avaient plus l'usage.

Un de ces hameaux avait pour nom Menez Groaz parce qu'il était bâti sur le contrefort d'une petite élévation où culminait un calvaire, une grossière croix de granit massif - édifiée par un ermite en des temps immémoriaux - que les vents avaient érodée et les lichens parée de leur dentelle d'or. Il n'en avait pas fallu plus pour que cet endroit fût nommé « La colline de la croix »*. Bien humble colline en réalité cette surélévation que des vrais montagnards n'auraient pas considérée autrement que comme une taupinière.

Mais peu importait son nom, elle avait le mérite de protéger des vents du nord-ouest qu'on appelle ici *gwalarn* et qui sont les plus fréquents en cette région.

Dans ce village vivait la famille Carval, dont je vais vous entretenir maintenant.

* *En breton,* Menez Groaz.

Chapitre 1

De mémoire d'homme, le hameau de Menez Groaz était habité par les Carval. On était même fondé à se demander si cette famille n'était pas la toute première à être venue planter là son logis.

D'où venaient-ils ? Nul ne le sait. Probablement d'une ferme trop petite pour nourrir tous ses enfants.

Ou peut-être encore avaient-ils été bannis d'une paroisse voisine pour avoir fêté Pâques avant les Rameaux, comme le disaient les dames bien pensantes lorsqu'elles évoquaient le crime impardonnable de s'être trouvée enceinte avant d'avoir reçu la bénédiction de monsieur le curé.

Peut-être même qu'ils avaient fui, en des temps plus anciens, lors de la mise à sac du grand port voisin de Kérity quand Guy Eder de la Fontenelle, un redoutable seigneur brigand, avait passé au fil de l'épée les trois quarts de ses habitants et réduit - après les avoir pillées - des dizaines de riches demeures à l'état de ruines.

À la réflexion, il fallait vraiment être des réprouvés pour n'avoir trouvé d'autre refuge que ce lieu désolé.

Les plus vieux se souvenaient de Charles Carval

qui y était né aux alentours de 1810 et de sa femme, Lisette Pochic de peu sa cadette. Les époux l'un et l'autre étaient morts à quelques mois d'intervalle, en 1860.

Le couple avait donné naissance à de nombreux enfants, mais un seul avait atteint l'âge adulte. Il s'appelait Charles, comme son père, et il était né en 1840 dans la chaumine qu'il habitait toujours.

Ce Charles Carval avait hérité, à la mort de son père, du surnom de Charlez-coz, le vieux Charles. Comme son père, et comme presque tous les habitants de la palud à cette époque, il était mi-marin mi-paysan, un état commun à la plupart des riverains des côtes en ce temps-là.

Les canots dont disposaient alors les pêcheurs pour leur activité étaient précaires et ils ne naviguaient au ras des côtes qu'à la belle saison.

Construits sur le haut de la grève, de la façon la plus empirique qui soit par un charpentier itinérant disposant pour tout outillage d'une scie, d'une tarière, d'une hache au tranchant bien affûté, d'une herminette, d'un marteau et de quelques poignées de carvelles - ces clous à tête et à section carrées dont la construction navale faisait, à cette époque, une ample consommation -, ces canots n'excédaient pas les quinze pieds de quille, hauteur maximum des chênes poussant à l'entour et qui fournissaient l'arête dorsale de l'esquif. Ils voguaient au gré des vents, tirés par une misaine de grosse toile brune.

Ces coques de noix, car il s'agissait bien de coques de noix, permettaient de poser des nasses à crustacés sur les plateaux rocheux, parfois jusqu'aux îles Glénan quand le temps était beau. À cette époque, homards et langoustes abondaient sur le littoral et, dès le commencement de mars, les bancs de maquereaux venaient « manger la côte » comme on disait alors lorsque les bancs de poissons s'approchaient au plus près des baies.

Tout naturellement, Charlez-coz eut tôt fait d'enrôler son fils aîné, dit Charlez-bihan* comme mousse dès qu'il eut ses dix ans. Charlez-bihan était né en 1860, l'année où était morte sa grand-mère, coïncidence que les déchiffreuses d'intersignes** et les commères avaient trouvée fâcheuse.

Quand venait la mauvaise saison, Charlez-coz, comme les autres marins, tirait son canot sur le haut de la grève à la plus forte marée et le retournait sur l'herbe rase de la dune où il attendait le retour du printemps.

Pour gagner quelques sous, les hommes du hameau, sous la direction du vieux Charles, louaient alors leurs bras dans les fermes, appareillant la pierre, pour la construction ici d'une étable, là d'une porcherie et même parfois d'une maison d'habitation.

Le bonhomme, s'estimant assez bien loti d'avoir un toit sous lequel il pouvait dormir au sec, un canot pour pêcher, ses deux mains pour tailler la pierre, louait Dieu et le redoutait aussi.

Chaque dimanche la famille revêtait ses plus beaux atours pour assister à l'office à la chapelle de Saint-Trémeur et rendre grâces au Seigneur de manger à peu près à sa faim et de n'avoir point trop froid sous le toit de chaume.

* *Le petit Charles.*

** *Lien mystérieux qui existerait entre deux faits, deux êtres en apparence indépendants l'un de l'autre ; présage. Les vieux Bretons, très superstitieux, étaient particulièrement attentifs à ces signes qu'ils considéraient comme des oracles.*

Jamais pourtant le vieil homme ne put contraindre son fils Charlez-bihan à se faire maçon. Le garçon ne jurait que par la mer. Depuis qu'il savait marcher, l'estran* avait été son terrain de jeu. Il escaladait prestement les escarpements mis au sec par la basse mer, courait habilement sur les rochers couverts de varechs glissants, là où d'autres ne se risquaient qu'à quatre pattes, et revenait le plus souvent le panier plein d'ormeaux, de tourteaux, avec en prime une paire de homards qu'il savait débusquer de leur trou à la pointe de son *baz-krog***.

— Un chien de mer! disait Charlez-coz en parlant de son fils aîné, ce n'est qu'un chien de mer!

Et il y avait autant d'admiration que de dépit dans ces propos.

Après moultes et vaines discussions avec son garçon, il avait renoncé à lui faire entendre raison et s'était résigné à laisser son canot à l'eau toute l'année pour permettre à Charlez-bihan d'aller en mer dès que le temps le permettait.

À force d'aller et venir dans cet archipel de rocs émergeant à peine aux basses eaux, le petit Charles était capable, à dix-sept ans, de manœuvrer son canot avec une virtuosité sans égale.

Au physique c'était un garçon trapu, râblé, tout en nerfs et en muscles. Comme les autres hommes de la côte, il était vêtu d'un large pantalon et d'une vareuse taillés dans une grosse toile roide et rapiécés comme un manteau d'Arlequin. À la belle saison il allait pieds nus, mais dès que venaient les mois noirs, octobre, novembre, décembre, il chaussait une paire de sabots de peuplier, avec une poignée de foin en guise de chaussettes. Une large faluche de feutre noir

* *Portion du littoral comprise entre les plus basses et les plus hautes mers.*

** *Bâton muni d'un crochet.*

cassée comme un toit le protégeait des pluies d'hiver et du soleil d'été.

Ainsi était-il attifé lorsqu'il partit en mer par une froide journée de mars 1879. Charlez-bihan venait d'avoir dix-huit ans et il espérait bien ramener un cent de maquereaux - les premiers de l'année - qu'il n'aurait aucun mal à vendre dans les fermes de l'arrière-pays.

Sous misaine arisée à deux ris - le vent était assez frais - il traînait ses lignes avec une fortune incertaine derrière la barrière des étocs lorsqu'il aperçut, courant sur lui, une superbe goélette qui filait comme un lévrier, toutes voiles dehors vers le sud, portant bon plein sous le nordet. Le temps était beau, le vent bien établi et la mer moutonnait gentiment.

Notre homme contemplait avec admiration ce magnifique bateau de plaisance d'une blancheur immaculée, battant pavillon anglais, lorsqu'une petite fille, échappant à l'attention de sa gouvernante, se pencha imprudemment sur la lisse pour regarder le bateau de pêche et bascula par-dessus le bord.

Aussitôt, une rumeur d'effroi monta de la goélette et le cri funeste avait retenti : « *Man over board!* »*

Une cloche avait tinté, des coups de sifflets avaient fusé, des voiles s'étaient mises à battre et la manœuvre de retour avait été parfaitement exécutée.

Visiblement, les marins anglais connaissaient leur affaire. Mais, si bien qu'ils la connussent, on n'arrête pas une goélette de trente mètres taillée pour la course, les voiles gonflées d'un bon largue qui la pousse à quinze nœuds, aussi facilement qu'un *paotr saout*** sa brouette vide. Et la minuscule tache blanche qui se débattait sur les flots aurait inexora-

* *« Un homme à la mer! ».*

** Paotr saout : *gardien de vaches.*

blement disparu avant qu'on puisse revenir lui porter secours si Charles Carval ne s'était trouvé là.

Le marin avait vivement brassé ses lignes sans perdre du regard le point où s'était abîmée la petite fille.

L'habitude de fixer un point sur la mer et d'y garder l'œil sans dévier d'un pouce, habitude acquise au cours du relevage des nasses à crabes et à crevettes où il convenait de repérer ses bouées et de ne plus les perdre de vue, lui permit d'arriver pile là où l'enfant était tombée.

Dès qu'il aperçut le petit corps coulant entre deux eaux, il affala la misaine, tomba la vareuse, le pantalon et les sabots et plongea sans un instant d'hésitation dans l'eau glaciale. Il en eut le souffle coupé mais il nagea vigoureusement vers la silhouette inconsciente qui s'enfonçait vers les profondeurs glauques.

Il attrapa un bras inerte, affermit sa prise et remonta vers la surface. La coque noire du *Saint-Trémeur*, son canot à misaine, dansait sur la houle. Il passa le bras autour du cou de l'enfant et, nageant sur le dos, ramena le petit corps vers son esquif qui dérivait au vent ; il dut employer toute sa force pour le rejoindre et puiser dans ses ultimes réserves pour pousser le corps de l'enfant dans le canot.

Quand il y fut arrivé, à demi paralysé par le froid, il s'accorda quelques instants de répit avant de se hisser à grand-peine à son bord. Là-bas, au loin, la grande goélette abattait pour revenir sur le canot de Charlez-bihan mais il s'en fallait de plusieurs minutes pour qu'elle pût intervenir.

Hors d'haleine, les muscles tétanisés tant par l'effort qu'il avait fourni que par la bise glaciale de nordet, Charles Carval regarda, immobile, la goélette s'approcher avant de revenir au petit corps inerte.

Le fin visage de l'enfant, une petite fille, était bleu. Il sembla à Charles qu'elle ne respirait plus. Il l'allongea sur le plancher du bateau et entreprit gauchement de lui remuer les bras de haut en bas comme le lui avait enseigné un vieux matelot qui avait servi en qualité d'infirmier pendant son temps sous les drapeaux à bord du navire école *Melpomène*.

Au bout d'interminables minutes, l'enfant réagit. Elle hoqueta, gémit et se mit à pleurer et à prononcer des paroles que, bien entendu, Charles ne comprit pas. Ce qu'il comprit, en revanche, c'est que la gamine n'était pas tout à fait morte.

Encouragé, il poursuivit avec plus d'énergie que de science les mouvements de bras puis, quand elle se mit à pleurer à grosses larmes et qu'elle eut retrouvé son souffle, il la posa aussi délicatement qu'il put sur la voile et la couvrit de sa vareuse. Il remit son pantalon mais comme il n'avait rien pour se couvrir le buste, il essaya de s'adosser contre la voile pour se protéger du vent, une bise de mars, directement venue du pôle, qui coupait comme une lame.

Heureusement, remontant au vent, toutes voiles bordées à plat, les pavois dans l'écume, la grande goélette fendant la houle gagnait sur le canot à toute vitesse, à craindre qu'elle ne le fende en deux.

Mais une nouvelle manœuvre impeccable, commandée au sifflet comme dans la Marine de guerre, l'amena bout au vent à quelques mètres du *Saint-Trémeur*, les voiles battantes. Les visages angoissés d'une vingtaine de personnes se penchaient le long de la lisse. Des femmes sanglotaient, tout le monde appelait en même temps et Charles, qui entendait mal le français, et pas du tout l'anglais, n'y comprenait rien.

Cependant il comprenait l'angoisse de ces belles dames et beaux messieurs penchés sur la lisse de la goélette et qui regardaient le petit corps tout pâle sur la voile brune en se demandant si ce n'était pas déjà un cadavre.

Charles voulut les rassurer :

— *Mad eo*, lança-t-il, ce qui signifiait : « c'est bon ».

Comme la majorité des habitants de basse Bretagne de l'époque, Charles ne parlait que le breton. L'anglais, il avait entendu dire que ça existait par des anciens qui avaient connu des marins de l'empereur Napoléon qui furent prisonniers sur les terribles pontons de Dartmoor, mais c'était bien trop savant pour lui. De la goélette on lança un bout qu'il saisit et assura sur son étrave. Les matelots anglais le halèrent et bientôt le petit bateau noir et la grande goélette blanche furent bord à bord. Un matelot anglais sauta dans le *Saint-Trémeur* et souleva la petite fille que deux autres matelots saisirent précautionneusement.

Charles, transi, put remettre sa vareuse tandis que des cris de satisfaction se faisaient entendre sur le pont de la goélette.

Un homme de haute taille, à la barbe blonde, coiffé d'une casquette blanche lui fit signe de monter à bord. Charles hésita. Il se trouvait bien sale pour fouler le pont d'un si beau navire, mais l'homme blond insistait, cordial :

— *Come on board, come on!**

Alors Charles empoigna l'échelle de corde qu'on avait descendue le long de la *Lady Anne* - c'était le

* *Monte à bord, allez !*

nom de la goélette - et enjamba la lisse. Aussitôt dix mains se tendirent vers lui pour le remercier.

On l'entraîna vers le poste d'équipage, à l'avant, et on lui donna des serviettes blanches pour s'essuyer, puis des vêtements secs beaucoup plus élégants que sa tenue de marin-pêcheur. Enfin on lui mit dans la main un verre d'alcool fort qui lui brûla le gosier, le fit tousser, lui tira des larmes des yeux, et lui brûla délicieusement la gorge et le ventre. Il entendit le mot *whisky* et il trouva ça assez bon.

Enfin, il fut conduit au carré de l'armateur. Ce fut un éblouissement. Jamais il n'aurait pu imaginer un tel luxe sur un bateau. Des bois vernis à profusion, des banquettes de tissus à fleurs, des lampes de cuivre briquées comme des ostensoirs, des tapis précieux sur le plancher ciré, et puis de très jolies dames qui pleuraient et riaient à la fois.

De nouveau on lui serra la main, on lui tapa dans le dos. Il crut savoir que la petite fille était sauvée et il en fut bien content.

Mais enfin, il ne comprenait pas grand-chose à ce qui se disait.

Finalement, il exprima le désir de retourner à son bateau et c'est à ce moment-là que le monsieur à barbe blonde qui l'avait invité à monter à bord lui mit dans la main une petite bourse de cuir. Charles voulut refuser, il n'avait fait que son devoir. Mais l'autre insista en lui mettant de force la bourse dans la poche.

Alors Charles remercia à son tour. Après tout il avait un peu raté sa pêche, ces quelques pièces le dédommageraient du cent de maquereaux qui manquerait à son retour au port.

Il remonta dans le *Saint-Trémeur*, largua l'amarre qui le retenait à la *Lady Anne*, et hissa la misaine, applaudi par tout l'équipage. Le grand yacht reprit son cap au sud et Charles Carval, habillé en matelot anglais, fier comme Artaban, renvoya sa voile.

Lorsque le *Saint-Trémeur* eut pris son erre, il coinça l'écoute au taquet, maintint la barre avec sa cuisse, puis il sortit la bourse de sa poche et défit le lacet. Douze pièces d'or, à l'effigie de la reine Victoria, coulèrent dans sa paume calleuse.

Charles en eut le souffle coupé. Pis encore que lorsqu'il avait plongé dans l'eau froide. Jamais il n'avait vu tant d'or.

Du coup, il enroula ses lignes sur le plioir de liège et mit cap à terre. Pouvait-on continuer à traquer quelques misérables maquereaux quand on a une fortune en poche ?

Sous le coup de l'émotion, Charles Carval vint accoster sur la plage, au plus près de la maison de sa mère, ce qu'il ne faisait jamais.

D'ordinaire il amarrait son canot à la bouée de son corps-mort derrière une avancée de roches qui le protégeait des coups de vent venus du large, et il revenait à la côte sur une plate* manœuvrée à la godille.

Mais ce soir-là, la marée était haute, la mer calme. Il n'y avait pas de danger à laisser le *Saint-Trémeur* s'échouer sur le sable dur. Il prit tout de même le temps d'assujettir les béquilles et de tirer l'ancre à terre. Puis il demanda à Josic, le fils aîné de la maison voisine, de mouiller deux grosses pierres affourchées sur l'arrière du canot lorsque la mer descendrait.

Tous les gamins étaient venus à la rencontre de Charles sur la grève, devinant que ce comportement

* *Plate : bateau d'eaux calmes, à fond plat.*

inhabituel cachait quelque secret ; là-haut, devant sa maison, Lisette Cariou, qui mettait son linge à sécher sur un fil de fer tendu entre deux poteaux de bois, le considérait avec curiosité.

Lorsque Charles Carval passa près d'elle pour regagner le logis familial, elle l'apostropha :

— Qu'est-ce qui arrive avec vous, Charles Carval ? Voilà qu'il y a des habits *cheuc'h** sur vot' dos, va !

Il ne répondit pas à la question, mais jeta au passage :

— Il y a deux caisses de maquereaux dans le bateau, Lisette, vous n'avez qu'à dire aux enfants de les prendre et de les donner.

— Les donner ? s'exclama Lisette Cariou en laissant, de saisissement, tomber ses épingles à linge dans le sable. À qui ?

— À tous ceux qui voudront !

— Ma… Ma… Ma… fit-elle sous le coup de la surprise. Les donner…

D'ordinaire Charles posait ses caisses sur sa tête et partait essayer de vendre son poisson dans les fermes de l'intérieur.

— Les donner… répéta-t-elle en le regardant fixement.

Quelque chose ne tournait pas rond. Quelque chose qui lui échappait et, en bonne commère, elle n'aimait pas ça.

Charles était déjà rendu chez ses parents. Le père, le cheveu gris sous le large béret noir repoussé en arrière, l'œil trop bleu dans un visage tanné et vieilli avant l'âge, refendait des perches de châtaignier dans leur longueur pour en faire les lattes qui lui serviraient à confectionner ses nasses à crustacés.

* *Des habits* cheuc'h *: des vêtements chics, distingués.*

— Te voilà déjà à terre ? demanda-t-il à son fils.

Et sa mère, qui bêchait le courtil derrière la maison, s'inquiéta à son tour :

— Qu'est-ce qui se passe ?

Puis elle considéra les vêtements de son fils :

— Comme te voilà fagoté ! Tu vas faire Mardi Gras ?

Elle toucha avec méfiance le caban de gros drap :

— C'est du beau tissu, ma foi !

— Tissu anglais, dit Charles fièrement.

De derrière les murs, les portes, les rideaux des maisons voisines, des têtes curieuses apparaissaient. Il ne convenait pas de donner aux commères l'occasion de clabauder.

— *E barz an ti !** ordonna Charles à ses parents en les guidant vers leur chaumière.

* *Dans la maison !*

Chapitre 2

Charles, poussant les deux vieux devant lui, tira la porte, s'assura qu'elle était bien fermée et mit la clenche.

Puis il s'assit sur le banc face à son père et commanda à la mère qui restait debout :

— Mamm*, donnez-nous un coup de cidre !

— Vous êtes donc si riche, dit la mère aigrement, pour boire du cidre sur la semaine ?

C'était d'ordinaire un luxe qui était réservé au jour du Seigneur.

— Donnez ! répéta-t-il sur un ton qui surprit les deux vieux. J'ai de quoi payer !

Deux paires d'yeux le scrutaient dans l'ombre de la pièce aux poutres basses qui ne prenait le jour que par un étroit fenestron aux vitres enfumées. L'air sentait la cendre et, dans l'âtre, quelques tisons luisaient encore. Charles Carval mit la main à la poche et posa son poing fermé sur la table. Puis il l'ouvrit lentement en regardant les deux vieux. Six pièces d'or se mirent à luire dans la pénombre.

— *Malloz Doue*** ! s'écria le père en écrasant son gros poing sur la table, faisant sauter les pièces. Il regarda sa femme et s'exclama :

* *Mère.*

** *Malédiction !*

— Il a volé! Mon fils est un voleur!

Aux jointures des doigts trop serrés, ses mains tannées par le grand air blanchissaient sous le coup de l'indignation. Le vieil homme ne pouvait concevoir qu'un tel trésor fût arrivé honnêtement en possession de son gars. Chez les Carval, on était pauvre, mais honnête!

— Je n'ai pas volé! protesta Charles véhémentement. On m'a donné!

— On vous a donné, dit la mère soupçonneuse, on vous a donné tout ça?

Elle le vousvoyait, ce qui ne présageait rien de bon. Dans ce pays, il était d'usage de se tutoyer sauf lorsqu'on avait des griefs assez graves à exprimer. Et c'était le cas. Comment cette pauvre Bigoudène pouvait-elle comprendre qu'on avait donné à son fils plus d'argent qu'elle n'en aurait gagné en toute une vie de dur labeur?

Charles se félicita de n'avoir montré que la moitié du trésor.

— Oui, dit Charles avec véhémence en donnant à son tour du poing sur la table.

Les yeux bleus du vieux luisaient d'un éclat terrible derrière ses sourcils broussailleux. Charles, que ce regard faisait d'ordinaire rentrer sous terre, ne bronchait pas. La mère, les deux poings serrés sur sa maigre poitrine, la gorge nouée par une boule d'angoisse, regardait alternativement les deux hommes, se demandant quand le drame allait éclater, quand ils allaient s'entretuer.

Charles baissa enfin les yeux et posa ses mains ouvertes sur la table. Les poings du père se desserrèrent également.

Charles entreprit alors de raconter le sauvetage de la petite fille, mais il n'avait pas les mots. Par moments, sous le coup de l'émotion, il se mettait à bégayer. Les deux vieux, muets, le regardaient comme s'il narrait un conte de fée.

Lorsqu'il en eut fini, la mère demanda :

— Et les habits, on vous les a donnés aussi peut-être ?

— Les habits aussi, confirma Charles. J'étais tout mouillé, j'avais froid, alors ils m'ont donné une tenue de leurs marins.

Puis il essaya de raconter avec ses mots - bien insuffisants - la magnificence de la goélette, les tapis, les tableaux, les suspensions dorées…

Les deux vieux écoutaient, bouche bée. Sûr que Charles disait la vérité, il n'aurait jamais été capable d'inventer pareille histoire !

La mère risqua une main vers l'or sans oser aller jusqu'au bout de son geste :

— Et qu'est-ce que vous allez faire de tout ça? demanda-t-elle en regardant son fils en biais.

Cette fois le vouvoiement était signe de respect envers une personne qui possédait six souverains de bel et bon or.

Charles s'adressa à son père. Après tout, c'était une histoire d'hommes.

— Je voudrais construire une maison.

Le père regarda la mère d'un air de se demander si son fils ne divaguait pas. Il répéta :

— Une maison ?

— Oui.

— Où ça?

— Ici, à Menez Groaz.

— Une maison comment ? demanda le vieux.

— Comme celle-ci, dit Charles en regardant autour de lui.

Autrement dit une grande pièce où mettre le lit-clos, avec une fenêtre et une porte, une cheminée au pignon, et un grenier sous le toit de chaume.

Les deux vieux se regardaient. La mère risqua :

— Vous n'êtes pas bien ici ?

— Si, dit Charles, mais peut-être que je vais me marier.

— Vous allez vous marier ? répéta la mère.

— Oui, dit Charles calmement. J'ai l'âge…

— Et avec qui ?

— Avec une de Sainte-Marine.

Sainte-Marine était un petit port à l'embouchure de l'Odet. Ses marins pêchaient les grands lieus* que les femmes allaient vendre au marché de Quimper.

— Elle s'appelle Jeanne Tanneau, dit-il en rougissant un peu dans l'ombre.

C'était, pour les parents, plus de nouvelles qu'ils n'en recevaient habituellement en un an. Dans la même journée, leur fils, le seul qui leur restât, était devenu riche, avait décidé de bâtir maison, et de se marier.

Ils ne savaient pas s'ils devaient rire ou pleurer.

Charles, quant à lui, planait sur son petit nuage. Il avait rencontré Jeanne Tanneau lorsqu'un méchant coup de vent l'avait contraint à chercher refuge dans l'estuaire de la rivière Odet, sous la chapelle dédiée à Sainte-Marine. En traversant la rivière, la marinière avait cassé son aviron et elle partait au large, poussée par un fort courant descendant. Charles lui avait passé la remorque au prix d'une manœuvre hardie et

* *Poissons de la famille de la morue et voisin du cabillaud qui abondaient alors sur les fonds rocheux de la chaussée des Glénan.*

l'avait ramenée au pied de sa maison, dans une crique bien abritée. Par la suite, il avait fait d'autres escales, volontaires celles-là, pour revoir cette petite bonne femme aux étranges yeux cachou qui lui avait voué une reconnaissance éternelle.

Chacun étant plongé dans ses pensées, le père rompit le silence et ramassa les pièces d'or :

— Je ferai la maison, dit-il.

Et, regardant son fils, il ajouta sur un ton qui n'admettait pas la contestation :

— Le compte est bon !

Une nouvelle fois Charles se félicita de sa prudence. Six autres écus dormaient dans sa poche gauche, bien au chaud dans la petite bourse de cuir.

Comme promis, le père et deux autres compagnons se mirent à l'ouvrage. Des pierres extraites de la grève fournirent la matière première, et le *pri touseg** fut prélevé dans les marais proches pour lier les pierres. Ces mêmes marais procurèrent aux bâtisseurs des roseaux pour coiffer l'édifice d'une toiture de chaume.

Lorsque la maison fut finie, Charlez-bihan put, avec les souverains qui lui restaient, commander au menuisier de Plobannalec un lit-clos en bois de châtaignier, un banc-coffre pour serrer le linge, une table et deux bancs à s'asseoir.

Une échelle menait au grenier où, les jours d'hiver, on pouvait étaler les filets. Plus tard, quand ils auraient des enfants, on leur ferait une paillasse de varech séché sous le chaume.

Alors, il put honorablement demander la main de Jeanne Tanneau qui lui fut accordée sans restrictions.

** Littéralement mortier de crapaud (Glaise).*

Une chaumière et un cœur. Charles Carval était un homme comblé. D'autant que sa Jeanne, dite Channig* car elle était de toute petite taille, était femme de ressources. Elle faisait partie de ces bigoudènes hardies qui remontaient l'Odet à la godille sur leur plate pour aller vendre le poisson pêché par les hommes au marché de Quimper.

C'était une attraction pour les rares voyageurs qui s'aventuraient alors en basse-Bretagne que de voir ces robustes femmes, mi-paysannes, mi-marins, coiffées de leur mitre de dentelle, remonter la rivière avec le courant avant de la redescendre - vente faite - au renversement de marée.

Assurément cette Channig Tanneau, devenue Channig Carval devant le maire et Monsieur le recteur, n'était pas la première venue!

Peu après son mariage, un courrier officiel arriva à Menez Groaz porté par le facteur Clément Bolzer.

* Channig*: petite Jeanne en breton.*

Chapitre 3

Il n'était pas dans les habitudes du facteur Bolzer d'avoir en sa besace de vieux cuir délavé par les pluies et les vents, craquelé par les ardeurs du soleil, une lettre pour les habitants de Menez Groaz. C'était la première fois que la chose arrivait et, même si ce détour rallongeait sa tournée, il nourrissait une profonde curiosité pour le contenu de cette lettre officielle.

Elle émanait de la préfecture du Finistère et, lorsque son destinataire l'eut en main, il la tourna et la retourna sans savoir trop qu'en faire.

— Eh bien, ouvre-la! dit le facteur avec impatience.

Charles Carval tenait l'enveloppe comme le saint sacrement, sous le regard de tous les habitants du hameau qui s'étaient rassemblés pour voir cette chose inouïe: un membre de leur communauté recevait une lettre!

Pour se donner le temps de réfléchir, il proposa au facteur:

— Entre donc!

Clément Bolzer franchit le seuil du penty et la mère Carval offrit:

— *Ur bannig sistr vo**?

— Ma foi, dit le facteur en lissant sa moustache, ce n'est pas de refus.

Ce supplément de route au long de la dune, cet air salé, lui avaient donné soif. La mère posa trois bols sur la table et s'en fut les remplir tour à tour au petit fût qui ne servait en principe que le dimanche.

Ils étaient à présent quatre autour de la table sur laquelle la lettre se détachait, toute blanche sur le bois noirci.

Clément Bolzer porta le toast traditionnel « *Yec'hed mad!* »** et le père et le fils Carval levèrent leur tasse et répétèrent en écho:

— *Yec'hed mad!*

Ils burent avec recueillement et le facteur, qui avait des usages, complimenta:

— C'est du bon!

Les autres opinèrent en silence. La lettre accaparait toute leur attention.

Le facteur demanda à Charles:

— Tu ne l'ouvres pas?

Charles regarda avec perplexité son père, puis sa mère, semblant leur demander: « Comment fait-on? »

Le facteur sentit son embarras et proposa:

— Tu veux que je m'en charge?

Charles hocha la tête énergiquement. Oh oui, il voulait bien!

— Donnez-moi un couteau s'il vous plaît, demanda-t-il.

Charles sortit de sa poche le couteau qui lui servait à éviscérer ses poissons, un outil au tranchant éprouvé. Clément Bolzer introduisit la lame sous le rabat de l'enveloppe et la fendit sur toute sa longueur.

* *Un coup de cidre vous aurez?*

** *Bonne santé!*

— Voilà! dit-il à Charles

Charles entrebâilla l'enveloppe et regarda prudemment ce qu'elle contenait.

— *Un tamm paper**! dit-il déçu en sortant un feuillet plié en quatre.

— Que croyais-tu qu'il contenait? demanda le facteur. Ce n'est pas un colis, c'est une lettre!

Ça n'avançait guère Charles qui était bien incapable de déchiffrer le document. Le facteur sentit qu'on avait encore besoin de ses services. Il proposa:

— Tu veux que je te la lise?

— Oh oui! dit Charles soulagé.

Le jeune homme avait appris à vivre dans le grand livre de la mer, de l'estran, de la nature. Il savait, rien qu'en regardant le ciel, le temps qu'il ferait le lendemain et, en évaluant la course des nuages, le moment où le grain allait tomber sur le bateau.

En observant la mer, campé sur l'étrave du *Saint-Trémeur*, il devinait les bancs de poissons comme s'il les avait flairés.

Cependant, il avait tout à fait omis de fréquenter l'école pour apprendre son alphabet.

Après tout, ce facteur qui portait uniforme et casquette représentait l'Autorité et il saurait lui dire ce qu'il convenait de faire.

Clément Bolzer était un vétéran du siège de Sébastopol où il avait laissé un bras, ce qui lui avait valu cet emploi envié « sous l'État ». Sa manche gauche, vide, tenue par une épingle de nourrice, ballottait dans le vent quand il marchait. Grand, maigre, il arborait une formidable moustache fièrement tournée en pointe et était pourvu d'une voix de stentor, ce qui lui était bien utile car il était également

* *Un bout de papier !*

chargé de diffuser les messages officiels après un roulement de tambour qu'il exécutait d'une seule main avec une virtuosité sans égale avant de clamer aux populations rassemblées :

Avis à la population... Il est porté à la connaissance des habitants du Guilvinec...

Toutefois, il n'était jamais venu porter ses « avis à la population » jusqu'à Menez Groaz, sans doute parce que Monsieur le Maire considérait ce lieu et ses habitants comme quantité négligeable.

— Voyons voir ! dit le facteur doctement, en chaussant de petites lunettes sur un nez en éteignoir de cierge. Après s'être éclairci la gorge avec un bon coup de cidre, il lut de sa belle voix officielle, afin que nul n'en ignore :

— Monsieur le Préfet du Finistère à Monsieur Charles Carval, hameau de Menez Groaz en Le Guilvinec...

« Beau préambule » eût dit Charles s'il avait connu le mot. Mais il ne le connaissait pas, pas plus qu'aucun de ceux que le facteur venait de prononcer, car il ignorait cette langue. Il se contenta de rester bouche bée en promenant un regard ahuri sur le facteur, puis sur ses parents.

Clément Bolzer, fier de son effet, demanda :

— Peut-être préfères-tu que je te la traduise en breton ?

Charles Carval opina énergiquement de la tête et Clément Bolzer, qui était parfaitement bilingue, s'exécuta sans que sa voix eût perdu une once de solennité :

— *Il a été porté à la connaissance de Monsieur le Ministre de la Marine, par le truchement de l'ambas-*

sadeur de France en Espagne, que le 19 mars 1879 la goélette Lady Anne, battant pavillon britannique et appartenant à Lord Exeter, Ministre des Colonies de Sa Très Gracieuse Majesté Britannique, a subi une fortune de mer en passant au large de la pointe de Penmarc'h. La petite-fille de Lord Exeter, trompant la surveillance de sa gouvernante, est passée par-dessus bord et eût péri noyée s'il ne s'était trouvé sur les lieux un courageux pêcheur qui n'a pas hésité à se jeter à l'eau pour la sauver.

Le facteur regarda Charles par-dessus ses lunettes, d'un air incrédule, semblant dire: « Tu as fait ça, toi? »

Devant cette interrogation muette, Charles se contenta de hocher la tête en regardant toutes ces têtes curieuses qui, par la petite fenêtre, par la porte entrebâillée l'examinaient avec attention.

Le facteur reprit sa traduction:

— *Ce brave marin dont le bateau portait le nom de Saint-Trémeur a déclaré s'appeler Charles Carval et habiter sur le rivage du Guilvinec. Lord Exeter tient à renouveler ses remerciements à Charles Carval et ses compliments à Monsieur le Ministre de la Marine de France pour compter en ses rangs de braves matelots capables de ces actes héroïques.*

L'admiration avait fait place au doute dans le regard du facteur manchot.

— Félicitations! dit-il en lui tendant sa main valide que Charles serra gauchement.

Puis il déplia un second feuillet que personne n'avait vu:

— *Pour son acte de dévouement et sur proposition de Monsieur le Ministre de la Marine, il a été attribué à Monsieur Charles Carval la médaille de sauvetage de première classe. Cette médaille lui sera remise avec un diplôme en présence des autorités militaires, civiles et religieuses le 12 octobre 1879 en la préfecture de Quimper.*

— Ben, mon vieux! fit le facteur, la médaille de sauvetage? Tu ne fais pas les choses à moitié!

Et il lui serra de nouveau vigoureusement la main avant de vider sa bolée, pressé maintenant de reprendre la route pour diffuser la grande nouvelle.

Puis chacun rentra dans sa chacunière pour commenter cet événement inouï.

— À Quimper? répétait Charles effaré, à Quimper?

Jamais ses pas ne l'avaient porté si loin et il se sentait aussi embarrassé que si on l'eût convoqué sur la lune. Il bredouilla:

— Comment irons-nous à Quimper?

— En bateau, parement*! dit Channig.

Il la regarda, émerveillé. C'était pourtant vrai que sa jeune femme avait eu l'habitude d'y aller, à Quimper.

— En bateau!

— Oh, vous êtes déjà allé jusqu'à Sainte-Marine, Charles Carval!

Et pour cause, puisque c'était là qu'il avait rencontré celle qui allait devenir sa femme.

— Oui, mais pas plus haut!

— Eh bien, moi, plus haut je sais aller. Et ce n'est pas difficile.

Par chance, cette date d'octobre coïncidait avec la grande marée. Il suffisait de laisser porter le bateau et le courant les mènerait jusqu'à Quimper.

** Apparemment. Prend ici le sens d'évidemment.*

Il restait quelques jours aux jeunes époux pour faire leurs préparatifs : Jeanne porterait sa tenue de mariée, jupe brodée à trois rangs, corselet de velours et sa meilleure coiffe. Quant à Charles, l'habit de matelot anglais qui lui avait été donné lors du sauvetage ferait parfaitement l'affaire.

Le *Saint-Trémeur*, raclé comme un sou neuf, quitta le havre de Menez Groaz au matin du 11 octobre 1879.

Une jolie brise poussa le canot jusqu'à l'embouchure de l'Odet où il parvint à 14 heures, à l'étale de basse mer. En attendant la renverse du courant, Charles Carval vint jeter l'ancre dans l'anse de Sainte-Marine, juste sous l'église. La petite anse abritait plusieurs plates échouées sur le sable roux. Cependant les époux ne descendirent pas à terre car ils risquaient de mouiller et de gâter leurs beaux habits en accédant au rivage.

Ce fut une bigoudène qui, reconnaissant le bateau de Charles Carval, vint à eux en godillant sur une longue plate passée au goudron, plus noire que la barque de Charon, le nocher du Styx.

— Ma ! Qui est là ? s'exclama-t-elle debout dans sa plate, les mains sur les hanches. Jeanne Tanneau, parement !

— C'est moi, Joséphine ! confirma Jeanne en souriant.

La grande bigoudène les considéra avec attention :

— Comme vous voilà gréée prop' pour aller sur un bateau, fit-elle remarquer. Où c'que vous allez comme ça ?

Il fallut lui raconter l'histoire du sauvetage et la distinction qui venait d'être attribuée à Charles par le

Ministre de la Marine et qui allait lui être remise le lendemain à la préfecture.

— Ma… faisait Joséphine et il semblait qu'elle n'arriverait jamais à fermer sa bouche.

— Vous êtes seule? demanda Jeanne. Où sont les autres, Clara, Titine, Jeannette, Lisette…

— Au marché de Quimper, parement, dit la bigoudène. Avec la grande marée, elles sont parties cette nuit et maintenant elles ne reviendront qu'après l'Angélus du soir.

Jeanne s'étonna:

— Et vous n'êtes pas allée?

Joséphine était l'une des meilleures vendeuses du petit port.

— Non, dit-elle, Fañch a enfoncé un hameçon dans sa main, et Jean-Marie a dû entailler pour l'enlever. Il ne pourra pas aller en mer avant une semaine.

Fañch était le mari de Joséphine et Jean-Marie un matelot particulièrement habile pour ouvrir un phlegmon, enlever une écharde, une arête, un hameçon enfoncé où il ne fallait pas. Il opérait avec son couteau de poche qu'il veillait à conserver affûté comme un rasoir. Il coupait également les cheveux et arrachait les dents avec une paire de tenailles.

Les marins étaient durs au mal. La plaie débridée était lavée à l'eau bouillie et arrosée d'alcool ou de teinture d'iode.

Il fallait que le mari de la grande bigoudène fût bien handicapé pour ne plus aller pêcher et, faute de fournisseur, elle risquait de se retrouver réduite au chômage.

Elle dit en haussant les épaules:

— J'irai vendre pour Louis Diquelou, sa femme est grosse de six mois et elle ne pourra bientôt plus aller à Quimper.

C'était probable. À trois mois d'accoucher il n'était plus temps de remonter l'Odet à la godille.

— On va faire casse-croûte, dit Jeanne en sortant le panier d'osier qu'elle avait préparé, et puis on remontera avec la marée…

— Vous saurez encore faire? demanda la grande Bigoudène ironiquement.

— *Michans**! répondit Jeanne en riant.

— *Chans vad***! lança alors Joséphine en reprenant sa godille.

Maintenant elle était pressée d'aller porter la nouvelle chez ses voisins de Sainte-Marine.

Les époux Carval s'étaient installés confortablement dans leur canot. Le panier contenait un quignon de pain noir, un morceau de lard gras enveloppé dans un linge blanc et des pommes. La boisson, de l'eau, provenait de la touque, cette bonbonne de verre enfermée dans une carapace d'osier afin de lui éviter les chocs.

Le canot paraissait dormir dans les eaux calmes du port.

En transparence on apercevait des crabes se disputant une tête de raie blafarde qui souriait sinistrement sur la vase noire du fond. Les gros goélands assoupis attendaient le retour des pêcheurs qui ne manqueraient pas de jeter à l'eau la tripaille des poissons capturés.

En face, le petit port de Bénodet semblait en léthargie. Un pavillon tricolore flottait mollement au-dessus de la cabane du douanier qui prenait le soleil

* *J'espère.*

** *Bonne chance!*

d'automne sur un banc, sous un gros marronnier roux, devant son poste de garde.

Charles se sentit envahi par une douce somnolence. Jeanne, elle, s'était endormie appuyée sur la voile.

Une cloche tinta à l'église de Bénodet et celle de Sainte-Marine sonna, comme en écho.

Le *Saint-Trémeur* se raidit sur son amarre, ce qui tira instantanément Charles de sa torpeur.

La renverse de marée s'était produite et maintenant le flot remontait vers Quimper poussé par une petite brise de mer, c'était le moment d'appareiller. Jeanne, elle aussi, avait senti le mouvement du bateau. Elle ouvrit les yeux et dit comme en s'excusant :

— Ma… Je crois bien que j'ai dormi !

— Je crois bien aussi, répondit Charles en souriant.

Elle se déplaça et Charles, en ahanant, hissa la lourde vergue en tête de mât. Aussitôt la misaine se mit à faseyer dans la brise. Puis il crocha l'orin* qui retenait l'ancre et hala celle-ci à grands coups de reins. Lorsqu'elle parut, elle était couverte de la vase noire et nauséabonde dans laquelle elle s'était enfoncée. Charles Carval l'agita dans la mer pour bien la nettoyer avant de la hisser à bord.

Puis il revint à la barre avec ces gestes souples et précis qui semblent innés parce que mille fois répétés, saisit au vol l'écoute qui fouettait le pont comme un serpent furieux, la maîtrisa avec autant de force que d'habileté et borda la voile en la serrant au taquet. Le *Saint-Trémeur* prit de l'erre et Charles, poussant la barre, le lança dans le lit du courant.

* *Orin : filin frappé sur un objet immergé - ancre, grappin, nasse.*

Chapitre 4

L'église basse de Sainte-Marine blottie au creux de sa grève s'éloigna, les chaumières des pêcheurs d'où montait une fumée bleue s'effacèrent, les berges de la rivière qui semblaient hantées par des troupeaux d'animaux préhistoriques pétrifiés défilèrent en silence. Ils étaient composés en réalité de gros blocs de granit gris couverts de fucus bruns qui leur faisaient comme un épais manteau de fourrure. Sur ce troupeau immobile, se penchaient les basses branches des chênes et des châtaigniers qui baignaient dans le flot aux marées de vives eaux.

Un paysan qui labourait son champ près de la berge s'arrêta au bout de son sillon pour saluer le canot. Les bêtes de trait, deux robustes postiers bretons, en sueur sous l'effort, fumaient; la terre retournée, grasse et sombre, fumait également sous un soleil d'octobre encore ardent. Le laboureur devait lui aussi avoir bien chaud car il ôta son chapeau pour essuyer l'eau qui lui coulait dans les yeux.

La misaine bien gonflée, le *Saint-Trémeur* filait gaillardement vers la grande ville. Charles, qui n'était jamais remonté si haut dans la rivière, regardait de tous ses yeux. Et Jeanne, fière de son savoir, nommait ces lieux qu'elle connaissait depuis son enfance : le majestueux manoir du Pérennou dont les somptueux jardins s'étageaient jusqu'à l'eau, Kerouzien, dit Beaujeu, parce qu'il aurait été l'enjeu d'une partie de cartes, élégante bâtisse assise à la lisière d'un bois touffu qu'octobre avait teinté de roux, et en face le havre de Keraign où quelques plates attendaient leur couche de coaltar, retournées sur le haut de la grève.

De temps en temps on apercevait une échancrure dans le rivage, un petit bras de mer qui s'enfonçait discrètement de quelques dizaines de mètres dans les terres, havres secrets où les paysans abritaient leurs canots. Ils n'étaient pas les derniers, lors des grandes remontées de saumons de printemps, à tendre leurs filets dans le lit du courant.

Dans les taillis de châtaigniers, une troupe invisible bûcheronnait et on entendait les coups sourds de la hache sur les troncs. Sur les berges, des chaloupes chargées de fagots s'apprêtaient, elles aussi, à remonter vers Quimper.

— C'est le bois pour chauffer les fours de la faïencerie, expliqua Jeanne.

Le *Saint-Trémeur* rattrapait et dépassait d'autres embarcations chargées à couler bas, celles des bateliers de sable qui remontaient lentement le courant. En plus de leur grand-voile, elles étaient gréées d'un foc assuré sur un bout-dehors.

C'étaient pour la plupart des chaloupes sardinières à bout d'océan achetées à Concarneau, qui terminaient ainsi leur carrière. On les appelait des « *bag mao* » peut-être parce que leurs occupants avaient la réputation d'embrasser trop souvent la dive bouteille.

* Bag mao *: bateau ivre.*

Toutes traînaient derrière elles un canot vide et Jeanne expliqua qu'il en était ainsi parce que, lorsqu'une de ces chaloupes prenait l'eau, elle coulait comme une pierre et que la seule chance qu'avaient les bateliers d'éviter la noyade était de monter prestement dans l'embarcation de secours et de couper l'amarre.

De temps en temps on entendait un cheval hennir, une vache meugler. D'invisibles poissons traçaient des sillages fulgurants dans l'eau sombre devant l'étrave du *Saint-Trémeur*.

La rivière parut se fermer, les bois se rejoignaient et il semblait que c'était là que devait s'arrêter le voyage.

— On arrive aux Vire-Court, annonça Jeanne.

La rivière, en cet endroit, se rétrécissait et courait entre des berges abruptes couvertes de pins, de chênes, de châtaigniers.

La pente, devenue trop abrupte pour qu'un humain s'y risquât, n'était habitée que par des colonies de freux qui hantaient les hautes futaies de sapins noirs et dont les croassements résonnaient lugubrement entre les rives.

Du fait de ce rétrécissement, le courant prenait une force phénoménale et creusait dans l'eau des tourbillons en forme d'entonnoirs d'autant plus vertigineux qu'ils étaient silencieux, et qu'ils semblaient vouloir engloutir le bateau.

Charles regardait ces mouvements d'eau inconnus de lui avec une grande appréhension. Ça n'avait rien à voir avec les vagues de la mer qui pouvaient être si violentes, mais qu'on apercevait de loin. Ici, tout soudain, et sans qu'on en perçoive les causes, un petit tourbillon naissait dans l'onde apparemment paisible, puis il se creusait silencieusement et, sournoisement, ce maelström devenait un entonnoir qui s'élargissait et creusait l'eau, aspirant inexorablement feuilles, branches et menues épaves vers le fond de la rivière.

— Ne regarde pas! conseilla Jeanne en voyant son trouble. *'Rez ket bil** ton bateau est trop gros pour être mangé par ces *toul an diaoul***, mais les regarder fait tourner la tête.

Charles la regarda en souriant et, immédiatement les charmes troubles de ces eaux sournoises cessèrent de l'inquiéter. Il hocha la tête en guise de remerciement. En mer, c'est lui qui l'aurait mise en garde, ici, c'est elle qui détenait la connaissance.

Elle lui rendit son sourire et annonça comme on change de conversation:

— La fontaine aux Espagnols…

Elle montrait une cascatelle qui ruisselait entre les arbres, sous les feuillages roux et dont les eaux limpides se jetaient en murmurant dans les flots sombres de la rivière.

Jeanne, décidément intarissable, raconta qu'une flotte espagnole avait projeté de piller Quimper, mais que lorsque celle-ci était arrivée aux Vire-Court, son capitaine avait pensé que là s'arrêtait le domaine navigable. Tout le laissait à penser, d'ailleurs. Ces murailles de verdure qui cernaient l'eau ne révélaient pas de porte de sortie. Alors les Espagnols avaient refait leur provision d'eau dans ce ru limpide et impétueux avant de repartir vers la mer. Quimper n'avait pas été pillée et la cascade avait gagné son nom.

Les méandres de la rive avaient déventé la misaine et le bateau avançait maintenant porté par l'effet de

* *Ne t'en fais pas.*

** *Trous du Diable.*

la marée. Le gouvernail était devenu inopérant et Charles avait engagé le grand aviron dans la dame de nage en fer forgé pour maintenir le canot dans le lit du courant. Derrière les Vire-Court, la rivière s'élargissait de nouveau et le flux se faisait moins violent. Maintenant l'eau était verte, d'un vert profond, presque vénéneux, inquiétant en tout cas, et qui n'était pas seulement dû aux grands pins qui s'inclinaient sur l'onde. Il régnait dans cette sorte de fjord un silence de cathédrale et le spectacle était grandiose, l'atmosphère impressionnante.

— *Kador an Escop**, annonça Jeanne en montrant un amas de rocs au sommet d'une des berges.

Sa voix résonna contre les berges et revint en écho : Escop… scop… cop… cop…

— Ma ! fit Charles impressionné en scrutant le sous-bois pour voir s'il n'y avait pas là, caché derrière les troncs noueux des chênes têtards, quelque oiseau moqueur qui se riait de ses craintes.

Jeanne haussa les épaules. Ce phénomène lui était familier. Puis elle entreprit de lui raconter l'histoire de cet évêque de Quimper qui se faisait transporter là le dimanche après l'office et se plaisait à méditer assis sur ces blocs de rocher.

Les mauvaises langues prétendaient que de pétulants vicaires accompagnaient Monseigneur, chargés de paniers contenant de bonnes bouteilles, des pâtés de choix, et qu'ils divertissaient son éminence par quelques histoires lestes échappées du confessionnal.

Mais peut-être ce Monsignore était-il simplement un esthète subjugué par la beauté du paysage, et y avait-il vu, qui sait, une sorte de cathédrale créée directement par Dieu.

* *La chaise de l'évêque.*

Plus loin, un aplomb impressionnant surmonté de quatre blocs mal équarris surplombait l'Odet.

— Le Saut de la Pucelle, dit Jeanne qui était un guide incomparable.

En bonne fille de l'Odet, elle lui narra une autre légende qui contait qu'un moine rouge y avait poursuivi une jeune bergère de ses assiduités et que la donzelle, acculée à la rivière, n'avait pas hésité à sauter sur l'autre rive distante d'une cinquantaine de mètres. Par la grâce de Sainte-Barbe - qui avait son sanctuaire un peu plus loin - la jeune fille s'était retrouvée intacte sur l'autre rive tandis que le moine lubrique - qui avait tenté de la suivre - s'écrasa lamentablement au milieu de la rivière.

Charles admira, songeur, le saut fabuleux que la bergère avait dû accomplir pour échapper au moine libidineux. Puis on frôla le Trou à Feu, une sorte de petite plage au sable roux où un bateau chargé de chaux vive brûla pendant plusieurs jours.

Charles écoutait ces légendes avec émerveillement. Elle en connaissait des choses, sa Jeanne!

Elle lui raconta aussi, en se signant pour éloigner le mauvais sort, la légende de *Yannig an Aod**, qui, en dépit de son nom bénin, n'était autre que le sinistre batelier de l'Odet qui faisait traverser la rivière aux âmes des trépassés et qui hululait les nuits de tempête, à la recherche de quelque voyageur égaré auquel il briserait les côtes avant de le noyer.

Un peu plus loin, alors que le canot passait devant la cale de *Kerambleiz*** Jeanne lui avait fait voir le rocher du déserteur. Au temps de Napoléon le Premier, un valet de ferme de Plomelin avait tenté d'échapper à la conscription et avait été déclaré

** Petit Jean de la grève.*

*** Le repaire du loup.*

déserteur, donc passible de la peine de mort. Deux gendarmes étaient venus le chercher à la ferme, mais il avait réussi à prendre la fuite. Poursuivi par ces gendarmes, il s'était caché sur la berge, sous une grosse roche en surplomb et, pour donner le change, il avait jeté à l'eau ses sabots et son chapeau. Voyant flotter ces épaves, les hirondelles de potence en avaient conclu que l'homme avait voulu traverser la rivière à la nage et s'y était noyé. Par cette ruse, le valet avait pu échapper à la grande boucherie et plus tard, bien plus tard, il mourut dans son lit, et de sa belle mort.

— Porz Gwin, annonça Jeanne au passage d'un terre-plein sommairement aménagé, où d'autres chaloupes s'emplissaient de fagots que l'on déchargeait de longues charrettes attelées à deux chevaux en flèche. Une autre cascatelle descendait des bois. C'est à cet endroit que les gabares transportant du vin de Bordeaux faisaient leur dernière escale afin de remettre à niveau, en ajoutant de l'eau, les barriques dans lesquelles les marins avaient abondamment puisé en traversant le golfe de Gascogne.

Le bateau remontait toujours, poussé par le courant. Maintenant on arrivait à un endroit large où la rivière prenait ses aises, formant comme une petite mer. À main droite une anse profonde s'enfonçait dans les terres.

— Toul Gwenn, dit Jeanne qui, décidément, connaissait tout. C'est là qu'on prélève la glaise qui sert à faire les faïences de Quimper.

Puis, devant la petite mer qui s'ouvrait devant l'étrave du *Saint-Trémeur*, elle annonça laconiquement :

— Le Lédannou.

Aujourd'hui on a oublié cette antique dénomination bretonne qui désignait alors la baie de Kerogan et qui signifie « endroit large », le lieu où la rivière s'étale.

C'était le passage redouté des marinières de Sainte-Marine. En effet, le courant perdant de sa force, il convenait pour passer cette large étendue d'eau de se mettre aux avirons et de « souquer sur le bois mort » comme on disait dans la vieille Marine de guerre.

Nos deux voyageurs n'eurent pas à user de cet expédient, car la barque n'étant plus déventée par les hautes futaies, une bise molle, alanguie, regonfla la misaine affaissée. Sur les bancs de vase noire que la mer n'avait pas encore recouverts, des milliers de hérons gris et d'aigrettes blanches vermillaient leur pitance.

Le chenal était balisé par des piquets fichés dans la vase. À l'extrémité de l'une de ces perches, un gros cormoran à l'air malcommode regardait la barque passer silencieusement de ses grands yeux d'or liquide qui semblaient demander : « Que venez-vous faire en mon domaine ? »

Au passage des Trois Tourtes, trois îlets s'avançant dans la baie, reliés par une frêle passerelle de bois, Jeanne se signa et marmonna quelque patenôtre en mémoire des pèlerins dont la barque avait coulé un siècle plus tôt. Pas un, dit-elle, n'en avait réchappé.

Le bateau, calé au milieu du chenal, frôla les oiseaux sans qu'ils daignent se déranger. Jeanne montra, sur la rive gauche, le château de Kerdour où, disait-on, il y avait eu une commanderie de Templiers. On laissait aussi entendre qu'en des temps reculés, un pirate y aurait dissimulé son trésor.

Charles admira la tour de gros blocs de granit gris entassés à la diable, dernier vestige de l'architecture de guerre moyenâgeuse flanquant l'élégant manoir aux moellons soigneusement appareillés qui avait pris la place de quelque ancienne forteresse.

Puis la rivière se resserra. Dans les lointains, on apercevait maintenant les doubles flèches de la cathédrale Saint-Corentin.

On approchait de l'étale de marée haute et l'influence du courant était maintenant quasiment nulle. La berge gauche de la rivière était bordée par un chemin de terre que Jeanne appelait « le chemin de halage ». Lorsque de gros bateaux de charge, goélettes, lougres et autres chasse-marées étaient encalminés*, les hommes débarquaient et s'attelaient à la cordelle**, comme des bêtes de somme, pour parcourir les dernières centaines de mètres les séparant de leur destination.

Heureusement la petite brise continuait d'être favorable. À partir de l'église romane de Locmaria, la rivière avait été canalisée et elle coulait maintenant entre des murs de granit gris. Le flot affleurait les quais et de nombreuses barques déchargeaient à la pelle des cargaisons de sable recueillies à la basse mer sur la lagune du Letty. Sur le quai, des loqueteux se jetaient comme des morts de faim sur le sable, le fouillaient à pleines mains pour y trouver quelque praire ou quelque « pisse en l'air »*** chargés avec le sable.

Bien entendu, Jeanne connaissait la plupart de

* *Privés de vent.*

** *Cordelle : amarre fixée à un navire dans une rivière, un canal, et sur laquelle des hommes marchant à terre agissent avec des sangles passées en écharpe sur leurs épaules pour faire avancer le bateau.*

*** *Nom commun d'un gros coquillage appelé mye.*

ces bateliers et ils s'arrêtaient un court moment de pelleter leur cargaison lorsque le *Saint-Trémeur* les dépassait. On échangeait un salut, quelques mots amicaux, quelques gestes de main…

Sur une chaloupe délabrée, deux misérables s'échinaient. Un homme et une femme. L'homme, avait dû - en son jeune âge - être un solide gaillard mais les privations avaient fait fondre sa charnure. Sous le tricot de corps raide de crasse qui tombait en loques, on apercevait des muscles d'écorché tendus comme des cordes de violon. Son pantalon trop large, trop court, n'était qu'un ramas de pièces disparates, taillées dans de vieilles voiles, aux couleurs passées et aux formes aléatoires grossièrement assemblées. Une barre bleue rayait son front et il pelletait son sable d'or avec acharnement tandis que la sueur ruisselait sur son visage émacié. La femme, une Bigoudène sans âge, arborait le visage acrimonieux de la misère, de ceux qui n'ont connu que le côté noir de la vie. Pieds nus, elle aussi pelletait avec une sorte de rage, en laissant échapper des « ahan » d'agonie.

— C'est Pas de Chance, dit Jeanne.

— Comment? demanda Charles qui s'était mépris.

— On l'appelle Pas de Chance, expliqua Jeanne. Tu as vu cette barre bleue sur son front? C'est une inscription qu'on lui a faite dans la Marine, un jour de bordée où il était *mezv dall**.

Et elle ajouta en se tapant le front de l'index:

— Il est un peu *drochic***.

— Il a un autre nom? demanda Charles.

— Peut-être, mais on ne le connaît plus.

* Mezv dall*: le stade ultime de l'ivresse, littéralement saoul à en être aveugle - prononcer* Meo dall.

** *Un peu simple d'esprit.*

Charles regarda la Bigoudène qui ne portait que sa sous-coiffe.

— C'est sa femme ?

— Probable… répondit Jeanne laconiquement. Ils sont de Sainte-Marine, ils n'ont même pas de maison, ils dorment en haut de la grève sous des racines d'arbres et ils ne parlent à personne.

— Même en hiver ?

— Oui, même en hiver. Ils brûlent des bois d'épave, des goémons secs…

Charles hocha la tête avec commisération :

— *Trist eo, paour kaezh den*…*

Jeanne hocha la tête à son tour. Elle compatissait, bien sûr, mais qu'y pouvait-on ? La misère était partout et pouvait surgir à tout moment. À voir avec quel soin ceux qui mangeaient à peu près à leur soûl évitaient les crève-la-faim, on aurait pu croire que la misère était une maladie contagieuse.

Il s'en fallait de si peu pour y plonger : un accident, une maladie qui empêchait de travailler. Parmi le petit peuple des grèves, bien peu avaient trois sous devant eux pour étaler le mauvais sort.

On arrivait à la cale Alavoine, ainsi nommée parce qu'elle desservait les entrepôts d'un négociant en vins qui lui avait donné son nom. De nombreuses plates y étaient amarrées.

— Ce sont celles de tes amies ? demanda Charles.

— Oui, en attendant la marée, elles ont dû aller regarder les magasins.

Charles fit un accostage au long de la cale sous les yeux d'un charretier qui parut apprécier la manœuvre. Mais, sans un commentaire, l'homme, qui portait le chapeau et le *jileten** d'Elliant fit claquer son fouet et

* *C'est triste, pauvres gens.*

son cheval de trait. Dans un grondement de tonnerre, il entraîna la lourde charrette sur les pavés de grès qui couvraient la rue.

— Paysan! cracha Jeanne qui ne semblait pas porter les gens de la terre dans son cœur.

Après avoir amarré le *Saint-Trémeur* par l'avant et par l'arrière aux anneaux tors scellés dans la pierre, Charles fixa les béquilles sur les flancs de son canot.

Une fenêtre s'ouvrit dans une maison de l'autre côté du quai et une ménagère demanda:

— Vous avez du maquereau?

— Du quoi? fit Charles, surpris.

— Du maquereau!

— Non...

— De la sardine, alors?

— Ma, c'est plus la saison!

— Alors, qu'est-ce que vous venez faire là? demanda la femme avec humeur en refermant bruyamment sa fenêtre.

Charles regarda sa femme:

— Il n'y a pas le droit d'être là?

Jeanne le rassura:

— Mais si! Celle-là, on la connaît, une vraie *torr revr***. Une qui veut tout pour rien et qui attend toujours midi moins le quart pour avoir un rabais.***

Une joyeuse sabotée se fit entendre, puis des cris de joie éclatèrent:— Regardez qui est là!

* *Gilet brodé. Chaque canton avait alors ses signes distinctifs: pour les femmes c'étaient les coiffes, pour les hommes le chapeau et la veste brodée de telle manière qu'on identifiait immédiatement le lieu d'origine de celui qui le portait.*

** Torr revr*: littéralement, casse-cul, une emmerdeuse - prononcer* Torr rerr. *La langue bretonne ne recule pas pour appeler un chat un chat.*

*** *Peu avant midi, les poissons et crustacés qui n'avaient pas été vendus étaient bradés à vil prix, faute de pouvoir être conservés, les machines de réfrigération étaient alors évidemment inconnues.*

— Chann, ma petite Channig!

C'étaient les amies de Jeanne qui revenaient, leur tour de ville fini, pour reprendre leurs embarcations.

Les exclamations de surprise fusaient, on s'embrassa comme du bon pain et Jeanne dut, une nouvelle fois, expliquer les raisons de sa présence à Quimper. Leur joyeux babil attira l'attention de la mégère et sa fenêtre s'ouvrit sur son visage mécontent :

— C'est pas bientôt fini ce *termaji** ?

Elle était bien mal tombée. Les poings sur les hanches, la grande Marjannick Vraz l'apostropha :

— Oh mais, de qui vous êtes ?**

— De vous que je suis, *mell beg**** ? cracha l'autre, hargneuse, de vous qui êtes à faire du *reuz***** sous les fenêtres du monde, que je suis!

Sa voix fut couverte par les huées ironiques des batelières et Marjannick Vraz, qui avait des pognes d'homme, la défia :

— Du *reuz* on fera tant qu'on aura envie, espèce de figure... Si vous n'êtes pas contente, vous n'avez qu'à aller habiter ailleurs.

— Ma... Ma... fit l'autre, le souffle coupé par l'indignation, entendre ça avec des dévergondées qui ne sont même pas d'ici!

Elle chercha un mot définitif pour ne pas perdre la face avant de fermer sa fenêtre, et finit par lâcher : « Effrontées! », puis fit retraite suivie par une bordée de rires.

* *Abréviation de « Lanterne magique ». Terme qui désigne les romanichels qui présentaient ces attractions, et, par extension, le trouble et le désordre qu'ils étaient censés générer. En français contemporain on dirait « C'est pas fini, ce bordel? ».*

** *Après qui en avez-vous?*

*** Mell beg *: Grande bouche.*

**** *Du* reuz*: du bruit.*

Les batelières montèrent dans leurs plates et se lancèrent dans le courant en faisant de grands saluts d'amitié à Charles et Jeanne.

— Elles sont gaies, tes amies, dit Charles quand les plates eurent disparu dans la brume qui tombait sur la rivière.

— Oui, dit Jeanne rêveuse.

Regrettait-elle ce temps, pas si lointain, où elle aussi faisait partie de la joyeuse confrérie des batelières de Sainte-Marine ? Elle regarda Charles avec amour. Que non ! Elle avait un homme, et quel homme ! Un homme qui allait être décoré par le préfet tout de même. Qui donc n'aurait envié sa situation ?

Elle dit en souriant :

— Elles savent se défendre, il ne fait pas bon leur chercher querelle !

Charles eut une moue qui indiquait qu'il ne s'y serait pas risqué.

Pour la nuit, il n'était bien entendu pas question d'aller à l'hôtel. Comme il était d'usage, Charles « cabana », c'est-à-dire qu'il étendit sa voile sur le grand aviron pour établir une sorte de tente à l'abri de laquelle on pourrait dormir.

Jeanne alluma un feu de bois flotté sur un fond de bidon de tôle garni de sable et mit le *pod-houarn** sur le trépier. Des pommes de terre d'abord, puis une vieille** que Charles avait pêchée la veille.

Pendant que sa femme s'occupait à ces tâches ménagères, Charles descendit du bateau et en fit le tour pour voir si les béquilles portaient bien. Il cala celle dont ce n'était pas le cas avec des débris de planche apportés par la marée, car on était sur une pente aux pierres plus ou moins usées.

* Pod-houarn *: littéralement le pot de fer. La marmite.*

** *Poisson de roche de la famille des labres, commun sur la côte bretonne.*

Puis il s'en fut jeter un coup d'œil sur la ville. Il n'alla pas très loin car il se sentait tout soudain en terre inconnue. Il vit les clochers de la cathédrale, si hauts qu'ils semblaient toucher le ciel, les halles où tant de fois sa Jeanne était venue vendre les grands lieus pêchés par son père, puis il revint en hâte vers son cher *Saint-Trémeur*.

Les jeunes mariés partagèrent la cotriade en puisant tour à tour dans le *pod-houarn* et en étalant poisson et légumes sur les tranches de pain noir. Puis ils burent le bouillon et lorsque la marmite fut vide, Charles s'en fut la laver dans la rivière qui, la marée étant au plus bas, gazouillait sur son lit de cailloux.

La ville s'était endormie et le préposé aux becs de gaz était passé, son éteignoir sur l'épaule dès que les douze coups de minuit eurent sonné à la cathédrale.

Enfin, ils se glissèrent chacun dans leur *kapot-braz** et, blottis l'un contre l'autre, ils s'endormirent sur le plancher en bois dur du *Saint-Trémeur*.

* *Sorte de sac de couchage avant l'heure, dans lequel dormaient les marins sur le bateau.*

Chapitre 5

Ils furent réveillés par le clapotis du flot montant. Déjà d'autres marinières de Sainte-Marine arrivaient dans leurs plates. Certaines avaient pris comme passagères des femmes de l'Île-Tudy qui avaient parcouru deux lieues sur la dune, leurs caisses d'huîtres et de coquillages sur la tête pour trouver un embarquement jusqu'à Quimper.

Elles ne traînèrent pas, le marché allait s'ouvrir et il ne fallait pas manquer les chalands.

Charles, après s'être passé le visage à l'eau de la rivière, mit ses plus beaux sabots et Jeanne ses petits souliers de noce. Faute de glace, la pose de sa coiffe prit plus de temps que d'ordinaire. Après s'être regardés mutuellement pour s'assurer que rien ne clochait dans leur habillement, ils prirent la direction de la préfecture.

Las, ces messieurs ne se levaient pas de sitôt! Le concierge, après avoir lu le courrier officiel, leur conseilla de revenir vers onze heures. Alors ils s'en furent se promener de par la ville. Charles admira la cathédrale dans laquelle la petite chapelle de Saint-Trémeur eût tenu tout entière, avec son clocher.

Les rues étaient encombrées de plus de gens et de charrettes que Charles n'en avait vu de toute sa vie. Un peu saoulés par cette cohue, ils revinrent vers les halles, ce lieu de la ville qui sentait encore la mer.

Jeanne fut tout de suite reconnue par quelques-unes de ses anciennes clientes, des bourgeoises à chapeau qui faisaient leur marché, leur bonne - en coiffe - sur les talons. Charles admira l'assurance de sa femme qui savait répondre à tous et renvoyer la plaisanterie quand il le fallait.

À dix heures, Jeanne et Charles s'en furent boire le café avec les batelières chez la mère Rouzic, une gargote où elles avaient leurs habitudes.

Puis on prit le chemin de la préfecture où, cette fois, ils furent reçus avec les égards dus aux héros.

Charles n'était pas le seul médaillé de la journée. Il y avait aussi le patron du canot de sauvetage d'Audierne et son second qui avaient arraché aux flots déchaînés de la Pointe-du-Raz les six hommes d'équipage d'un cargo en perdition.

Ce patron était un habitué des récompenses honorifiques. Sur son caban de drap bleu marine, ses décorations couvraient trois rangs.

Il s'appelait Clet Bilien, il portait une barbe rousse et sa stature en imposait. Il dépassait Charles d'une bonne tête. Son second était un homme d'une quarantaine d'années, mince, au visage austère.

Le préfet, en grand uniforme, arborait une barbe noire taillée au carré. Il y avait là bien sûr le maire de Pont-l'Abbé qui était également conseiller général, le député, le sénateur et plusieurs autres maires et personnalités du pays bigouden, tous portant le costume de leur terroir.

Au milieu de ce brillant aréopage, Charles Carval se sentait un peu perdu.

Le préfet accrocha la médaille à son vêtement et lui donna l'accolade, ce qui le surprit. Le maire et conseiller général ne pouvait pas faire moins.

Puis il y eut des discours auxquels Charles ne comprit pas grand-chose car ils étaient prononcés en français, mais qu'il applaudit comme tout le monde.

Il fut même un peu effrayé par les éclairs de magnésium que les photographes allumaient pour prendre leurs clichés.

Le banquet qui fut servi à l'hôtel Lijour était somptueux. Habitué à vivre frugalement, Charles se demandait comment ces gros hommes pouvaient engloutir de telles quantités de nourriture. Comme il avait bu deux verres de vin, Charles était un peu gris. Jeanne essaya de veiller à ce qu'il ne dépasse pas la mesure, mais elle-même avait goûté au nectar qu'on servait en cette grande maison, si bien que ce banquet qui s'éternisait lui donnait envie de dormir.

Charles et Channig, tout intimidés, ne dirent pas grand-chose, mais cette journée inoubliable marqua leur vie à jamais.

Lorsqu'ils furent de retour à Menez Groaz, la médaille de Charles fut accrochée au manteau de la cheminée près du crucifix de bois noir et Charles et les deux autres décorés eurent leur photographie dans *l'Illustration*.

Enfin, appuyés l'un sur l'autre, vacillant un peu, ils purent regagner leur bateau qui reposait bien au sec sur ses béquilles. Il leur faudrait maintenant attendre le flot, puis le reflux, pour reprendre le chemin de Menez Groaz.

Repus, ils somnolèrent sur la voile et ce furent les batelières qui les tirèrent de leur torpeur au grand dam de la voisine irascible qui manifesta une nouvelle fois sa mauvaise humeur.

Ce coup-ci, elle était mal tombée. Averties par leurs amies de l'altercation de la veille, elles avaient gardé des têtes de poisson dont elles bombardèrent la fâcheuse qui se mit à glapir et à appeler au secours.

Alertés, deux gardiens de la paix arrivèrent sans trop se presser, mais les canots avaient déjà passé l'église de Locmaria et se perdaient dans la brume du soir.

Cette fois il n'y avait plus un souffle de vent. Les plates des batelières, mues par des bras énergiques pressés de retrouver leur logis, plus légères aussi que le canot de Charles, avaient pris de l'avance. Il n'était pas question de faire marcher le *Saint-Trémeur* à l'aviron.

D'ailleurs, pourquoi se fatiguer ? Le courant se chargerait de les mener à la mer sans heurts et sans efforts. Il ne faisait pas froid, Jeanne était heureuse dans les bras de son grand homme et Charles Carval pria avec ferveur pour que cette si belle journée ne finisse jamais.

Car ce soir-là, Yannig an Aod avait laissé la place à Cupidon sur le cours de la rivière. Dans le crépuscule mauve, sous des écharpes de brume diaphanes qui effleuraient l'eau tels des manteaux de fées, Charles et Jeanne s'aimèrent de tout leur être.

Comme un brave petit cheval qui regagne l'écurie tout seul quand son maître s'est enivré à la foire, le *Saint-Trémeur*, sans heurts, sans à-coups regagna la mer dans le fil du courant. Le matelot et sa compagne n'étaient ivres que d'amour. Ce fut le son grêle de la petite cloche de Sainte-Marine qui les éveilla. Charles Carval se passa de l'eau de mer sur le visage tandis que Jeanne, un peu confuse, remettait de l'ordre dans ses vêtements.

Une jolie brise les ramena à Menez Groaz où le petit peuple des chaumines les attendait pour admirer la médaille.

Neuf mois plus tard, Jeanne donna naissance à un vigoureux garçon qui fut prénommé… Charles.

Chapitre 6

Charlig* fut suivi de trois autres frères et sœur : Marie, Corentin et François. Ce fut la période la plus heureuse du couple. Charles pêchait bien et, si la fortune n'était pas au rendez-vous, tout le monde mangeait à sa faim dans la chaumière de Menez Groaz. Les deux vieux étant partis dormir sous l'ajonc** dans la même année, Charles se trouva l'héritier de la maison du marin-maçon.

Des familles entières de marins douarnenistes arrivaient à la belle saison pour pratiquer la pêche au maquereau. Comme leurs petits bateaux n'étaient pas faits pour affronter le redoutable Raz de Sein, ils avaient retenu des charrettes pour transporter leurs embarcations et c'était traînées par de robustes chevaux de labour menés par des paysans que les chaloupes faisaient le trajet de Douarnenez au Guilvinec.

Charles loua la chaumine de feu ses parents à deux de ces familles, ce qui lui fit un complément de revenus.

Tout semblait donc aller bien pour la petite famille, mais la vie du marin est aléatoire…

** Petit Charles.*

*** Les Bretons ne meurent pas, ils partent pour les îles ou s'en vont dormir sous l'ajonc…*

François, le petit dernier, ne connut pas son père, ni son frère aîné. En effet, un sale coup de chien leur tomba sus alors qu'ils relevaient leurs casiers* à homards dans un endroit aussi fructueux que dangereux, Basse Jégou dans le prolongement direct du phare d'Eckmühl, le 15 décembre 1892.

La mer rejeta ce qui restait du canot, quelques planches disloquées, une quille broyée contre les rochers, mais garda les trois corps des matelots. Nona Cariou, voisin de Charles, père de six enfants, était lui aussi sur le rôle** du *Saint-Trémeur*.

Charlez-bihan, le patron du *Saint-Trémeur*, avait alors trente-deux ans, son fils douze ans. Channig, elle, se trouva veuve avec deux enfants à charge, enceinte d'un troisième et sans la moindre ressource. Elle n'avait pas trente ans.

* *Nasses.*

** *Rôle d'équipage : papier officiel portant le nom de tous les hommes embarqués sur un bateau de pêche.*

Chapitre 7

À cette époque, de telles situations étaient courantes. Les âmes faibles se jetaient dans le puits, pour échapper à la « chienne du monde », la misère. Les autres faisaient front, luttant de toutes leurs forces pour nourrir leur nichée.

Certes, on ne faisait pas bombance tous les jours dans la chaumière des Carval, mais on survivait. Channig tirait le maximum du jardinet. À la basse mer elle allait pêcher des crabes, des palourdes, des huîtres, tout ce qui pouvait se ramasser, se manger et même quelquefois se vendre, à la belle saison.

Quand venait le temps de la pêche à la sardine et du maquereau, il se trouvait toujours un ami de feu son mari pour lui confier une part de ses prises. Alors elle courait les fermes parfois lointaines, portant sa caisse de poisson sur la tête pour essayer de vendre sa marchandise. Quand elle ne ramenait pas d'argent, elle se faisait payer en beurre ou en œufs qu'elle ne manquait pas de revendre au marché.

Dire les lieues que cette pauvre femme parcourait, pieds nus, pour nourrir ses petits, défie l'imagination.

Puis la maladie s'en mêla. L'afflux des pêcheurs douarnenistes et de leurs familles avait décuplé la population du Guilvinec.

L'hygiène était alors déplorable, il n'y avait pas de ramassage d'ordures, les restes de poissons invendus pourrissaient au soleil. Les déjections humaines jonchaient les rues et, au soleil, la puanteur était insoutenable. Il en était ainsi dans la plupart des ports de pêche et ce manque d'hygiène générait des maux qui avaient pour noms fièvre thyphoïde, typhus, choléra.

« Un mal qui répand la terreur » disait Jean de la Fontaine en parlant de la peste*. On aurait pu en dire autant du choléra qui frappa alors la population du Guilvinec. Les malades qui étaient atteints ressentaient subitement des « flux de ventre, diarrhée et vomissements » et la mort survenait en quelques heures pour les plus fragiles, en deux ou trois jours pour les plus robustes.

Au Guilvinec, soixante-douze décès furent enregistrés en 1895, et on trouva commode d'attribuer aux pêcheurs venus de Douarnenez la responsabilité de la propagation de la maladie.

Le préfet, pour essayer d'arrêter l'épidémie, prit un arrêté interdisant aux habitants du bourg de louer des locaux d'habitation aux personnes étrangères à la commune.

Il faut dire qu'autour du port la cohabitation était effroyable. La plupart des maisons, qui ne comportaient qu'une pièce, abritaient douze, quinze personnes et plus… Aux dires du maire, plus de la moitié de ces habitations étaient malpropres, insalubres et les gens y étaient logés comme des animaux.

* *Les animaux malades de la peste.*

Au retour de la pêche, les marins allaient chercher un peu de repos dans les cabarets qui avaient fleuri autour de la cale de débarquement. Plus de la moitié des hommes et le tiers des femmes s'alcoolisaient abominablement. Le préfet Monod avait déclaré que la malpropreté trouvait son excuse dans la misère.

Pour essayer de détourner les hommes désœuvrés de ces lieux de perdition qu'étaient ces cabarets, un riche philanthrope, Jacques de Thézac, eut l'idée de mettre à la disposition des marins des locaux où ils pourraient se reposer, se distraire, s'instruire aussi. Le premier de ces Abris du Marin, car c'était ainsi qu'on appelait ces maisons, s'ouvrit en 1900 dans l'arrière-port du Guilvinec.

Cependant la lutte anti-alcoolique, qui était le but premier de ces établissements, n'était pas gagnée d'avance. Chez les adultes, les mauvaises habitudes étaient ancrées trop profondément, mais les jeunes furent nombreux à fréquenter les Abris du Marin.

Évidemment toute consommation d'alcool y était bannie. On servait à volonté des tisanes d'eucalyptus, ce qui faisait ricaner les anciens, les durs, les inconditionnels du boujaron*.

Les marins pouvaient aussi y réparer leurs espars endommagés, se faire soigner quand ils étaient blessés, voire même dormir quand ils n'étaient que de passage dans le port.

Puis Thézac fit donner à tous ceux qui voulaient s'instruire des cours de navigation, de matelotage et de télégraphie et même d'une science naissante, la radio.

Cet exutoire n'empêchait cependant pas l'entassement d'une population en constante augmentation dans des locaux insalubres.

** Terme de marine. Petite mesure de fer blanc qui sert, dans les cambuses, à distribuer divers liquides à l'équipage. Par extension, verre d'alcool ou de vin.*

Situé à l'écart du Guilvinec qui prenait petit à petit des allures de ville, le hameau de Menez Groaz ne fut pas atteint par les épidémies qui ravageaient le bourg.

La maison des parents Carval décédés était alors louée à un brave marin-pêcheur de Douarnenez nommé Henri Ansquer, qui s'y était établi pour la saison avec sa femme Émilienne et ses six enfants.

Channig Carval et ses locataires purent un temps se croire à l'abri de l'arrêté préfectoral.

Mais un beau matin le village fut investi par la troupe, une dizaine de biffins armés de fusils portant la baïonnette au canon. En application de l'arrêté préfectoral, la malheureuse famille Ansquer fut emmenée manu militari, la mère, son dernier né dans les bras, tenant une autre petite fille par la main.

Les quatre autres enfants, dont l'aîné n'avait pas dix ans, portaient les pauvres hardes du ménage.

Channig voulut s'interposer, mais elle fut rudement rabrouée. Les soldats, commandés par un sous-officier bravache qui n'entendait pas le breton, lui intima l'ordre de ne pas se mêler de ce qui ne la regardait pas. Évidemment Channig ne comprit pas ce qu'on lui disait. Alors, furieuse de son impuissance, elle prit des pierres pour les jeter sur les soldats. Un des tringlots la coucha alors en joue et elle dut reculer, affolée, et regarder, impuissante, ses locataires s'en aller la tête basse vers leur destin, encadrés comme une troupe de brigands par ces « soudards »*.

Cependant, elle les suivit de loin jusqu'au camp qui avait été aménagé pour loger ces malheureux.

Il s'agissait d'un village de tentes garnies de paille où les familles des marins étrangers à la commune avaient été regroupées.

** C'est le mot breton pour dire « soldats ».*

Channig voulut s'approcher mais un cordon de soldats, l'arme au pied, interdisait l'accès au camp. Elle resta un instant à rôder, espérant que la surveillance se relâcherait, mais la garde veillait. Les soldats relevés étaient immédiatement remplacés.

Il y avait d'autres piquets de soldats à la cale de débarquement et, au fur et à mesure que les bateaux rentraient au port, la sélection était opérée et les hommes étaient conduits auprès de leurs familles dans ces infâmes galetas. Ça n'allait pas sans protestations, sans mouvements de révolte, mais que faire contre une troupe armée ?

La rage au ventre, à coups de crosse dans les reins, sur les épaules, la tête ensanglantée parfois par un mauvais zèle de ces soldats sans pitié, de force plus que de gré, ils étaient contraints de rejoindre leurs nouveaux quartiers.

Jeanne s'en retourna à Menez Groaz, le cœur lourd d'avoir vu ces pauvres entre les pauvres parqués comme des animaux.

La maison des parents ne serait pas louée comme les autres années et il en résulterait un manque à gagner pour Jeanne et pour bien d'autres habitants du Guilvinec.

Certains résolurent, pour récupérer leurs locataires, de brûler ces tentes mais à la première tentative la troupe fut déployée autour du camp et les cinquante lignards fusil au pied furent doublés par autant de gendarmes sabre au poing et il ne fut plus question, de jour comme de nuit, d'approcher du camp des marins de Douarnenez.

La famille Ansquer fut anéantie au cours de cet été 1896. Les deux petits furent emportés à huit jours d'intervalle par le choléra et la mère, Émilienne, devint folle. On la retrouva noyée dans un lavoir. Le brave Henri Ansquer sombra dans l'alcoolisme et périt en mer. Restaient quatre garçons de dix à quatorze ans qui trouvèrent à s'embarquer sur des canots appartenant à des marins de Douarnenez.

***

Dès ses douze ans, Corentin Carval, le frère aîné, embarqua à son tour et put ramener quelques sous à la maison. Puis Marie épousa un marin, Lucien Jégou, avec lequel elle ne vécut pas un an car elle mourut en couches à l'âge de dix-huit ans.

Restait François au logis. François, le petit dernier, qui embarqua à son tour pendant la saison d'été, mais qui, l'hiver, eut la chance de pouvoir aller à l'école et apprendre à lire, à écrire et à compter.

Son certificat d'études obtenu, François Carval navigua quatre ans comme mousse, sur le *Dieu Protège*, un sardinier du Guilvinec où son frère aîné Corentin était matelot.

Mais lorsque Corentin partit faire son service militaire, le petit François se retrouva sans soutien. Le patron du *Dieu Protège* était une sombre brute qui avait eu un conflit d'intérêts avec le père de François, « *ar medalenned** » comme il disait méchamment en s'essayant à une dérision derrière laquelle pointait le vilain museau de la jalousie.

François n'avait pas arrangé son cas en obtenant le certificat d'études primaires, un diplôme qui, en ce temps, vous classait son homme au rang des gens instruits.

* *Le médaillé.*

Ce patron se nommait Alain Deru, dit *Penn Boultous* car il avait une gueule large et plate comme celle d'une baudroie.* Son équipage de forbans se composait de deux acolytes de beuverie, Albert Le Gars, un colosse taciturne et renfrogné qui ne connaissait que la force et la violence pour communiquer avec ses semblables, et Eugène Louz, autre ivrogne, un sournois, à la figure chafouine. Pour remplacer Corentin, en attendant de trouver un autre compagnon assorti à cet équipage de forbans, on embarqua un vieil homme, Gabriel Guivarc'h, dit Yaël.

À bord du *Dieu Protège* le bien mal nommé, la vie était vite devenue un enfer pour François Carval, le mousse. Les taloches et les coups de sabot étaient son lot quotidien et, s'il n'y avait eu le vieux Yaël pour le consoler, le mousse se serait bien fichu à l'eau pour échapper à ses persécuteurs.

Mais là-bas, à Menez Groaz, il y avait Mammig qui comptait sur l'argent qu'il allait rapporter.

François aurait bien changé d'employeur mais les places étaient rares et les postulants nombreux. De plus, son équipage lui avait fait une réputation d'empech**, pour expliquer les mauvaises pêches.

Et il n'était pas, sur le littoral, un seul patron sensé qui eût embarqué un individu suspecté d'être l'empech à son bord.

Le jeune mousse était devenu le souffre-douleur de cet équipage de forbans, une sorte d'esclave sur ce bateau de misère. Il n'eut pas une belle jeunesse.

** Boultous, la baudroie en breton, est un poisson délicieux mais qui a une tête hideuse.*

*** C'est ainsi qu'on désigne le porte-poisse, celui qui, par sa seule présence, empêche le poisson de mordre à l'hameçon, de mailler dans les filets et qui détourne crabes et homards des nasses posées sur la roche.*

Il allait sur ses seize ans lorsque Le Gars, en rentrant de ribote, passant directement du fossé où il cuvait son vin au canot qui allait prendre la mer, voulut, par manière de plaisanterie, lui faire manger de la rogue, ces œufs de morue conservés dans du sel, qui servaient à appâter la sardine.

Il avait pris le frêle petit mousse par le col et lui appuyait le visage dans le demi-tonneau où s'entassaient ces abats répugnants et nauséabonds.

Le pauvre François étouffait, maintenu par cette poigne impitoyable pendant que Penn Boultous et Eugène Louz, trouvant la plaisanterie inénarrable, étaient pliés en deux.

Ce fut encore le vieux Yaël qui sauva la mise au mousse en bousculant son persécuteur.

— Tu n'as pas honte…

— Quoi, quoi, protesta la brute en lâchant sa victime, si on ne peut plus rigoler…

Il riait, mais jaune. Si fort qu'il fût, on lui avait enseigné le respect dû aux personnes d'âge et il se serait définitivement aliéné la société de ses pairs s'il avait osé lever la main sur le vieil homme.

— Tu as des façons de rigoler qui ne me plaisent pas, dit Yaël sévèrement. Et toi, ajouta-t-il à l'adresse du patron, tu laisses faire des choses pareilles ?

Penn Boultous, la gueule mauvaise, grogna :

— Silence, c'est moi le patron !

Pendant ce temps François Carval reprenait péniblement son souffle. Les blocs de sel avaient arraché la peau de son visage qui le brûlait atrocement.

Il avait encore cette saloperie de rogue dans les yeux, dans les narines, dans la bouche. Il se mit à vomir douloureusement.

Yaël avait puisé un seau d'eau de mer et lui dit doucement :

— Lave-toi, fils, ça va passer.

Oh non, ça n'allait pas passer ! C'était LA fois de trop et, dût-il en crever, François Carval allait se venger de ces brutes. Il sentait une rogne phénoménale l'envahir. Eût-il disposé d'une arme à feu qu'il fusillait ces trois salauds. Mais il n'avait rien… rien d'autre que son aviron.

Il se mit à trembler, tétanisé par la haine. Et puis il pleura, pleura, sous les sarcasmes de ses trois tortionnaires qui le narguaient :

— En voilà un homme ! À pleurnicher comme une petite fille… Tu n'appelles pas ta mère ?

Sur les autres chaloupes on hissait les voiles. Les rocambeaux* grinçaient sur les mâts et on entendait les claquements secs des épaisses toiles de coton quand les voiles prenaient le vent et se gonflaient dans la nuit finissante.

— Allez ! gueula Penn Boultous, assez rigolé, il est temps de partir.

Assez rigolé ! Parce que le martyre du mousse l'avait fait rire… François sentit une nouvelle vague de haine le submerger. Il empoigna son aviron et, pendant que Le Gars se penchait pour saisir un orin, il leva son espar et, de toutes ses forces, l'abattit sur l'échine de son tortionnaire.

Le coup avait été asséné avec une force décuplée par la rage, si bien que le colosse s'effondra sans un mot tandis que l'aviron se brisait en deux.

Au bruit, le patron qui s'occupait de la barre se retourna et il vit, dans la première lueur de l'aube, son mousse avec son tronçon d'aviron à la main.

** Cercles de métal munis d'un croc qui coulissent sur le mât et servent à hisser la voile sur les gréements au tiers.*

— Ma, tu es devenu fou ? s'indigna-t-il. Je vais t'apprendre, moi !

— Tu en veux aussi ? demanda François en brandissant sa moitié d'aviron comme une massue.

La fureur, et l'alcool qu'il avait absorbé la veille, rendaient Penn Boultous fort imprudent. Il se rua sur ce maigre novice qu'il avait maltraité tant de fois et reçut à son tour sur le crâne ce qui restait de l'aviron. Il s'écroula, la tête en sang.

— Arrête, fils, arrête ! supplia Yaël.

Mais plus rien ne pouvait arrêter François. Eugène Louz, son autre persécuteur, se cachait, terrorisé, derrière le mât.

— Et toi, et toi tu en veux aussi ? demanda férocement François.

L'autre, terrorisé faisait « non ! non ! » de la tête.

Le *Dieu Protège*, privé de son homme de barre, vint raguer contre la petite cale. D'un bond, François sauta à terre et jeta le tronçon d'aviron dans le bateau.

— Adieu Yaël ! dit-il.

— Adieu fils, fit le vieux tristement. Qu'est-ce que tu vas faire maintenant ?

— T'occupe... dit François.

La brute commençait à s'agiter au fond du bateau et le patron, la gueule en sang, essayait de se redresser en s'accrochant à la barre.

Les coupures causées par le sel brûlaient encore François, mais beaucoup moins qu'avant ce règlement de comptes.

D'un pied léger, il s'élança vers Menez Groaz.

Lorsqu'il atteignit la maison de sa mère, celle-ci était déjà levée et rallumait son feu dans l'âtre.

Elle regarda son fils avec stupéfaction :

— Tu n'es pas en mer ?

Puis elle aperçut son visage rougi et marqué d'écorchures sanguinolentes et prit alors un air soupçonneux :

— Qu'est-ce qui est arrivé avec vous ?

Le vouvoiement annonçait que la conversation prenait un tour sérieux. Il éluda la question :

— J'ai glissé sur la cale…

— Glissé sur la cale ? répéta-t-elle incrédule.

— Oui, sur du limouze raie…

Lorsque les bateaux déchargeaient directement sur la cale, ces poissons laissaient sur la pierre un mucus épais et gluant sur lequel les glissades étaient fréquentes.

On en revint à la question initiale :

— Et vous n'êtes pas allé en mer pour ça ?

François s'assit sur le banc et mit ses coudes sur la table :

— Je n'irai plus en mer !

— Quoi ? dit Channig en croisant les bras.

François la regarda et articula :

— Je vous dis que je n'irai plus en mer !

— Mais comment vous gagnerez votre vie, alors, *pokez droch** ?

Il n'y avait pas trente-six façons de gagner sa vie sur la côte : un homme devenait marin, comme son père et son grand-père avant lui et tout était dit. François, qui n'avait que seize ans, redoutait toujours sa mère.

— J'irai fayot** ! annonça-t-il.

— Fayot ? Mais vous n'avez pas l'âge !

— Si, dit-il buté. À Brest on peut s'engager à l'école des apprentis mécaniciens.

* *Pauvre imbécile.*

** *Militaire de carrière.*

Channig se laissa tomber sur le banc :

— Ma, à Brest ! dit-elle aussi effarée que s'il lui avait annoncé qu'il voulait aller sur la lune.

François finit par lui raconter que Penn Boultous et ses deux compagnons de beuverie avaient failli le tuer et que si le vieux Yaël ne s'était pas interposé, à cette heure il serait probablement mort.

Il exagérait probablement un peu, mais peut-être pas tant que ça, après tout.

Il avoua aussi qu'il avait cassé son aviron sur le dos de cette grande brute d'Albert Le Gars et qu'avec le tronçon qui restait, il avait proprement fendu le crâne de Penn Boultous.

— Mais vous irez en prison, malheureux ! s'exclama Channig affolée.

Elle voyait déjà son dernier fils emmené enchaîné entre deux gendarmes et la honte qui en rejaillirait sur elle.

— Je ne les ai pas tués, assura François, quand j'ai quitté le canot, ils se relevaient.

Il défia sa mère du regard :

— Qui me prendra sur le rôle, maintenant ?

Être « sur le rôle » équivalait à une sorte de contrat de travail avant l'heure. C'était aussi appartenir à un clan, l'équipage, avec lequel on était forcément solidaire. François avait déchiré - et de quelle façon ! - ce contrat moral.

Il savait bien qu'il n'y avait qu'une bonne réponse : personne dans le quartier du Guilvinec ne l'embarquerait !

Penn Boultous avait beau être une brute peu appréciée, il était LE patron et rien ne pourrait jamais excuser la mutinerie du mousse. Il faudrait donc qu'il aille chercher fortune ailleurs, alors, pourquoi pas à Brest ? Il serait « sous » l'État et percevrait une pension pour ses vieux jours.

Ce n'était pas le plus mauvais parti. Channig dut se résoudre, le cœur en berne, à l'idée de voir s'éloigner son petit dernier.

Pourtant, lorsqu'il quitta la maison de Menez Groaz pour s'en aller prendre son engagement à Brest, elle resta plantée à l'extrême bout de la vieille cale, espérant contre toute vraisemblance le dissuader de s'embarquer sur les grands vaisseaux de guerre.

— Et si la guerre vient, vous serez tué! pronostiqua-t-elle d'une voix larmoyante.

François qui, dans le fond, était un joyeux gaillard, se sentait tout léger maintenant qu'il était libéré du patron du *Dieu Protège* et de son équipage de forbans.

— *'Rez ket bil, Mammig**, dit-il d'un ton léger, ce sont les civils qu'on tue à la guerre, pas les militaires !

Il avait pris cette habitude de l'appeler par ce petit nom affectueux, Mammig. Pour autant, il ne l'avait pas convaincue. François s'en allait, son monde s'écroulait.

Pourtant lorsqu'il embarqua pour gagner Brest, la petite mère, sa plus belle coiffe sur la tête, agita longuement son mouchoir quand le langoustier de Camaret qui emportait son gars doubla les roches de Men Meur.

Et, lorsque les voiles se perdirent dans le lointain, elle y était encore, les sabots dans le flot qui montait, les yeux humides et la bouche pincée, les mains jointes sur le cœur comme pour l'empêcher de battre trop fort, pour essayer de juguler son angoisse.

* *Ne t'en fais pas, petite mère.*

À cette époque, aller à Brest par la route était toute une expédition. Il était plus simple pour les marins d'embarquer sur un bateau qui descendait vers Lorient ou remontait vers Audierne, Douarnenez, Camaret, pour les mener à bon port.

Le *Notre-Dame de Rocamadour*, cotre langoustier de Camaret, déposa François Carval dans ce port. Il n'eut plus qu'à traverser la presqu'île à pied et, au Fret, un coquillier de la rade le débarqua au quai de la Douane d'où il rejoignit le deuxième dépôt des équipages de la Flotte.

Après la visite médicale, François Carval fut enregistré sur les états de la Marine de guerre, toujours connue sous le nom de « la Royale », et commença pour lui ce rude apprentissage de la vie militaire qu'on appelle les classes.

Mais, si rude qu'il paraissait aux autres jeunes engagés, cet apprentissage ne troublait pas François Carval.

Il fallait se lever à cinq heures en été, à six en hiver, mais ne le faisait-il pas déjà pour embarquer sur le *Dieu Protège*?

Sur la rade et par tous les temps il fallait souquer sur le bois mort* en cadence, sous les ordres d'un second-maître autoritaire lors des exercices de canotage.

Mais avant de casser sa godille sur le dos de son tortionnaire, n'avait-il pas eu chaque jour l'aviron en main?

Et puis, la nourriture était bonne, et si les chefs ne pardonnaient aucun écart de discipline, ils n'étaient pas des tyrans tant qu'on obéissait à leurs ordres.

Comme François savait lire, écrire et compter, et qu'en outre il était titulaire du Certificat d'Études

* *Tirer sur les avirons.*

Primaire, on lui permit de choisir la spécialité fort convoitée d'apprenti-mécanicien et il se mit à l'étude des moteurs avec une curiosité et une ardeur qu'on citait en exemple.

Bien noté par ses chefs, il fut embarqué sur un torpilleur de la première Armée Navale sous les ordres du capitaine de vaisseau Pierre Ronarc'h qui devait plus tard s'illustrer à Dixmude à la tête de sa brigade de fusiliers-marins.

François Carval ne suivit pas cet illustre marin dans cette héroïque aventure. La Marine avait trop besoin de bons mécaniciens embarqués, et notre Guilviniste était noté parmi les meilleurs de sa spécialité.

Il continua à venir voir Mammig à chaque permission et chaque mois il lui faisait expédier un mandat sur sa solde.

Lorsque la guerre de 14/18 éclata, François Carval était maître-mécanicien breveté. Il survécut au naufrage du *Phénix*, en 1916, puis à celui du *Triomphant* en 1917.

Démobilisé en 1918, il apprit la mort de son frère Corentin, fusilier-marin, disparu à Dixmude sur le front belge.

Désormais, François Carval était le dernier des quatre enfants de Mammig.

Chapitre 8

Lorsque François Carval revint au pays en 1918, Jeanne Tanneau - on avait gardé l'habitude d'appeler les femmes par leur nom de jeune fille - était déjà une vieille femme. Elle venait d'avoir cinquante-huit ans et se retrouvait seule au monde. La petite pension qu'on lui alloua pour la perte de son mari et de ses fils lui permettait à peine de survivre.

Mais Mammig était une femme forte. À cette époque, seuls les forts survivaient. La rude école de la vie ne l'avait pas habituée à la facilité. Elle continuait de ramender* les filets pour les pêcheurs et à broder des napperons qu'elle vendait aux premiers touristes venus en Bretagne après la Grande Guerre.

Elle était devenue l'aïeule de tous les enfants du hameau de Menez Groaz, sachant se rendre utile, gardant les bébés quand les mères allaient à l'usine, aidant aux lessives, aux repassages.

Démobilisé, François n'était pas resté au pays. Fort de ses capacités de mécanicien, il avait trouvé un emploi de chauffeur de maître à Paris, chez le comte de Montmoreau, personnalité en vue dans la capitale, propriétaire de plusieurs journaux et qui venait de fonder la Banque Industrielle et Coloniale. Mammig

** Ramender : réparer les filets en refaisant les mailles à l'aide d'une aiguille de bois spécialement conçue pour ce travail.*

se réjouissait de cette prospérité. Son petit dernier avait une belle situation, de celles où l'on ne risque pas sa vie pour gagner trois sous. Il était bien habillé, mangeait plus qu'à sa faim, était logé dans les dépendances d'un luxueux hôtel particulier de la plaine Monceau et touchait ses gages sans jamais le moindre retard.

Mammig, bien entendu, ne savait pas où était la plaine Monceau, mais comme ça sonnait bien!

François revint en 1920 voir sa mère à la faveur d'un déplacement de son patron dans le Finistère. À cette occasion, il promena Mammig dans la voiture du comte, forçant la vieille en coiffe à monter dans la superbe Hispano-Suiza, et il la mena dans son village d'origine, Sainte-Marine, où elle connut - faut-il le dire - une autre heure de gloire.

En vingt ans, le port du Guilvinec s'était considérablement développé mais à ses moments de loisir, François ne se lassait pas de se promener sur les quais nouvellement construits, saluant ses anciens compagnons devenus marins-pêcheurs, humant la bonne odeur de la marée fraîche, du goudron des coques chauffé par le soleil, des filins de chanvre.

Le *Dieu Protège* avait disparu en mer avec ses trois ivrognes une dizaine d'années plus tôt. Yaël n'était plus à bord. Il avait fini paisiblement son existence dans son lit.

Sur le quai, ceux qui reconnaissaient François le hélaient:

— Hé François! Ça sent-y pas meilleur que dans les halles, à Paris?

Et ils éclataient de rire.

Tout ça donnait à réfléchir à l'ancien marin-pêcheur. Quelle belle vie dans ce pays, SON pays!

Et dire qu'il lui faudrait bientôt rentrer à la plaine Monceau, endosser chaque matin la livrée, coiffer la casquette, saluer le comte de Montmoreau en lui ouvrant la portière. Dire, « Oui Monsieur le Comte », « Certainement Monsieur le Comte… » en baissant les yeux et passer la peau de chamois sur la laque noire brillante de la carrosserie qui n'était jamais assez noire ni assez brillante pour ce maître exigeant.

Le comte de Montmoreau - Charles-Édouard - était de noblesse d'Empire, ce qui ne l'empêchait pas d'être d'une arrogance sans limites. Ses ancêtres viticulteurs n'avaient pas fait fortune par la qualité de leurs vins, mais par leur génie de l'intrigue et de la concussion pour parvenir à être les fournisseurs exclusifs des armées impériales.

Charles-Édouard, le rejeton, chassait de race. Influent dans la banque, tenant la presse, il s'était fait élire député de Paris et, dans les hautes sphères de la capitale, on lui prédisait un avenir ministériel.

Au physique, Monsieur le Comte de Montmoreau portait beau. Grand, la tournure épaisse, il arborait avec arrogance une barbe noire taillée en fer de bêche et le simple son de sa voix terrorisait la domesticité. Il affectait, quand il en était besoin, une bonhomie affable que démentaient des petits yeux noirs et durs, des yeux calculateurs qu'un observateur un peu perspicace aurait devinés fort entraînés aux quatre opérations : soustraire ce qui le gênait, diviser les frais, additionner, voire multiplier les profits.

François allait-il rester le domestique de ce tyran toute sa vie ?

À petites causes grands effets, une épingle en décida autrement. Une longue épingle à tête noire comme celles qu'utilisent les Bigoudènes pour tenir coiffe et vêtements.

Car, pour ceux qui ne le sauraient pas, le costume de la Bigoudène ne connaissait pas les boutons. Toute sa vêture, de la coiffe aux autres atours, était savamment arrimée à l'aide de ces redoutables tiges d'acier à tête noire…

Mammig, lorsque son fils l'avait triomphalement promenée dans la voiture de maître, avait perdu sans qu'elle s'en aperçût une de ses épingles sur la banquette arrière.

Le lendemain, le comte invita ses hôtes, le marquis et la marquise de Soulange, à visiter les rochers de Saint-Guénolé. En s'installant sur les fauteuils de tapisserie de la somptueuse automobile, madame de Soulange eut la malencontreuse idée de poser son postérieur étriqué sur la fameuse épingle et le cri qu'elle jeta fut à la hauteur de la douleur qu'elle ressentit.

Extraire l'objet du délit si inopportunément placé fut pour cette dame de qualité une humiliation profonde. Elle dut trousser ses dessous devant le petit personnel attiré par ses cris d'orfraie pour que sa dame de compagnie puisse extraire la fameuse épingle.

Celle-ci fut examinée d'un œil sourcilleux par le comte de Montmoreau et, bien évidemment, le chauffeur fut mis en demeure d'expliquer comment cet objet avait pu se trouver sur la banquette arrière de sa belle automobile.

L'explication eut lieu dans le fumoir du manoir de Langoz en Loctudy, résidence d'été du marquis de Soulange. Madame de Soulange avait fait appeler son médecin particulier. Dire que le comte était courroucé serait un euphémisme.

Montmoreau avait allumé un Montecristo venu en droite ligne de La Havane ; il marchait nerveusement sur le parquet marqueté en faisant trembler les meubles sous son quintal de tripaille et en rejetant une fumée de locomotive.

Il se bloqua tout soudain et glapit, en toisant son chauffeur sans bienveillance aucune :

— François, jusqu'à présent, j'ai été satisfait de vos services…

Il reprit sa marche et fit un nouvel aller et retour de la fenêtre à la cheminée :

— Cette affaire est très fâcheuse. Non seulement la marquise a été blessée, mais les circonstances… les circonstances et hum… le siège même de cette blessure… hum…

Le comte, soudain fort embarrassé d'évoquer le postérieur malingre de la marquise, s'emporta :

— En bref, en plus d'être douloureuse, cette blessure prête à rire à des sots !

Il regarda furieusement François par-dessus la fumée de son cigare pour bien s'assurer que son chauffeur ne s'amusait pas de l'incident. Peine perdue, François demeurait impassible, la casquette à la main, presque au garde-à-vous.

— Voilà qui ridiculise la marquise, ainsi que mon ami Soulange, et ce qui affecte mes amis m'affecte moi aussi.

Il fit trois pas dans la pièce et revint vers son chauffeur qui ne bronchait toujours pas. Celui-ci se disait que si ses copains des tranchées n'avaient pas subi de blessures plus cruelles que celle qui affectait la marquise, cette guerre de 14/18 aurait ressemblé à une partie de campagne.

Il se garda prudemment de toute réflexion tandis que Montmoreau poursuivait :

— Bien entendu, vous allez prétendre que vous ignoriez la présence de l'épingle sur la banquette de mon automobile.

— Bien entendu, Monsieur le Comte, répondit François.

Manquerait plus qu'on l'accuse d'avoir déposé cette maudite épingle intentionnellement !

— Bien entendu, redit le comte en écho.

Puis il ajouta, légèrement sarcastique :

— Bien entendu, vous ne savez pas comment elle est arrivée là ?

François hésita un instant puis pensa que, quoi qu'il dise, il n'en serait pas moins tenu pour responsable de ce crime de lèse-postérieur aristocratique. Il résolut d'affronter son patron.

— Je pense que si, Monsieur le Comte.

Le comte eut l'air surpris :

— Vous pensez que vous le savez ?

— Je le crains, Monsieur le Comte.

Montmoreau tira une longue bouffée de son cigare et la rejeta vers le plafond :

— Voyons ça...

Ses petits yeux durs fixaient son chauffeur sans aménité. François se lança :

— Je dois avouer à Monsieur le Comte que j'ai permis à ma mère de monter dans la voiture de Monsieur le Comte il y a peu.

Le comte eut l'air prodigieusement ahuri :

— Vous avez...

— J'ai promené ma mère dans votre voiture, oui Monsieur le Comte. Elle n'était jamais montée dans une automobile, je lui ai fait faire un tour dans le pays. Ai-je mal fait ?

— Vous avez fait monter cette… cette…

Le nobliau s'empourprait, cherchait sa respiration et ses mots.

François vint à son secours, sans se départir de son calme.

— Cette Bigoudène, oui Monsieur. C'est ma mère.

Le comte eut un geste de la main, accompagné d'une moue de mépris qui toucha François comme un gnon au creux de l'estomac.

Toute inhibition le quitta instantanément. Il se revit dans le même état d'esprit que lorsqu'il avait cassé l'aviron sur la tête de Le Gars, son tortionnaire sur le *Dieu Protège*. Si le comte avait vu la lueur qui traversait son regard en cet instant, il se serait méfié. Mais pour lui, « ses gens », comme il disait en parlant du personnel domestique, étaient totalement transparents.

François blêmit et dit d'une voix froide :

— Une femme de peu, direz-vous.

Le comte était d'une génération qui ne faisait pas cas des états d'âme du petit personnel. Il ne répondit pas et François prit ce silence pour un acquiescement, ce qui ne fit que gonfler sa colère. Cependant, il s'efforça de parler calmement.

— Peut-être trouverez-vous qu'elle sent mauvais.

Nouveau silence méprisant du comte, nouvelle moue dégoûtée. Il est des choses dont un homme bien né ne parle pas, surtout avec un domestique. François poursuivit d'une voix lente, pleine de fureur rentrée, sans lâcher son patron des yeux :

— Ma mère est restée veuve à trente ans. Je suis né après la mort de mon père. Mon frère aîné s'est également noyé dans le naufrage qui leur a coûté la vie à tous les deux. Elle m'a élevé, avec mon autre frère et ma sœur. Ma sœur est morte en couches à dix-huit ans, mon frère a disparu à Dixmude… Il ne lui reste que moi. Vous ne pensez pas qu'elle avait le droit de faire une promenade d'une heure en voiture?

Cette énumération de traverses rencontrées par cette vieille femme parut indisposer le comte. Qu'avait-il à faire des malheurs du petit peuple? Le petit peuple n'était-il pas là pour servir les gens bien nés et, s'il lui arrivait de pâtir de leurs exigences, pour souffrir en silence sans incommoder les maîtres de leurs jérémiades? Il respira fort et jeta furieusement:

— Dans MA voiture!

François le regarda droit dans les yeux, sans se désarçonner, ce qui fâcha fort le comte. Les bras croisés sur sa bedondaine, l'air sévère, il ordonna:

— Je vous prie de baisser les yeux, mon garçon, vous n'êtes qu'un insolent!

— Même les Boches ne m'ont pas fait baisser les yeux, Monsieur, dit François fièrement, et je les ai affrontés baïonnette au canon.

Et il ajouta:

— Je vous le redis, d'homme à homme: j'ai en effet promené ma mère dans votre voiture.

— Sans me demander la permission!

— Me l'auriez-vous accordée?

— Certes pas!

— Alors…

François eut un geste fataliste, un air de dire: « je ne pouvais vraiment pas faire autrement ».

— Je ne sais ce qui me retient de vous donner vos huit jours, dit le comte.

L'affaire était si mal engagée que François comprit que sa carrière de chauffeur chez Montmoreau venait de prendre fin. Bizarrement, ça ne lui faisait ni chaud ni froid, peut-être même que ça lui convenait en l'aidant à prendre une décision qu'il n'aurait probablement pas prise sans cet incident. Perdu pour perdu, il résolut de s'amuser.

Un sourire insolent aux lèvres, il défia Montmoreau :

— Moi je le sais, Monsieur le Comte. Vous avez besoin d'un chauffeur. Et j'ai comme l'impression…

— Oui ? dit Montmoreau férocement en s'efforçant de bomber martialement le torse, ce qui n'eut d'autre effet que de faire ressortir son formidable embonpoint.

Il voulait être cinglant, rabaisser ce valet de son ironie la plus méprisante, mais ça tombait un peu à plat.

— J'ai comme l'impression, poursuivit François d'une voix douce, que dès que nous serons rentrés à Paris, vous me les collerez, mes huit jours, comme vous dites.

— Insolent ! cracha le comte ulcéré.

Il fit un geste pour prendre une canne dans le porte-parapluies.

— Je vais te faire voir ! rugit-il…

François ne fit qu'un bond entre le porte-parapluies et son interlocuteur :

— Pas de ça avec moi, Monsieur… sa voix n'était plus douce ni bénigne, mais mordante, féroce. Elle donna à réfléchir au comte.

Montmoreau était grand et lourd, François mince et musclé comme un chat sauvage. De plus, il rendait vingt ans à son patron et il sortait de quatre années d'une guerre terrible. Le combat ne lui faisait pas peur.

Le comte sentit tous les éléments qui jouaient en sa défaveur. Il recula de deux pas et fit le dédaigneux:

— Vous ne pensez tout de même pas que je vais me commettre avec un valet!

— Non, Monsieur le Comte, vous auriez trop peur de recevoir la correction que vous méritez.

Le comte eut un geste de fureur:

— Je ne sais ce qui me retient...

François ricana:

— Je vais vous le dire, moi, ce qui vous retient. Ça s'appelle la trouille, la pétoche. Je connais trop son odeur pour ne pas la reconnaître! C'est à la guerre que je l'ai sentie, en des lieux et en des circonstances où il était excusable d'avoir peur. Des lieux et des circonstances que vous n'avez jamais connus, bien entendu.

— Je vais vous faire...

— Jeter dehors? ironisa François. Ne prenez pas cette peine, je vous rends mon tablier tout de suite, Monsieur. Au moins n'aurai-je pas à payer pour rentrer au pays.

Il s'approcha du bureau et posa un trousseau sur la table:

— Voici les clefs de la voiture et celles du garage.

Puis il posa sa casquette sur une chaise et ôta sa veste, son plastron et entreprit de dégrafer son pantalon.

— Que faites-vous? demanda le comte. Êtes-vous devenu fou?

Maintenant François s'amusait franchement.

— Je pressens que si je ne rendais pas sa livrée à Monsieur le Comte, il n'hésiterait pas à me faire saisir par les gendarmes pour vol.

Il fit tomber son pantalon, ôta ses chaussures, ses chaussettes et déclara :

— Mon caleçon et mon tricot de corps m'appartenant, ce ne sera plus possible, Monsieur.

— Ah ça ! dit le comte en cherchant sa respiration. Vous n'allez tout de même pas sortir comme ça ?

— Que Monsieur le Comte se rassure, lança François, j'ai gardé quelques hardes dans ma soupente et je compte bien les récupérer avant de quitter son service. Maintenant je voudrais vous dire quelques mots d'homme à homme.

— Ne vous donnez pas cette peine, cracha le comte hautain, plus vite vous partirez, mieux ça vaudra.

— C'est également mon avis, dit François, mais il faudra encore m'écouter quelques instants. Monsieur, vous avez parlé de ma mère sur un ton fort méprisant. Or, dans votre hérédité, qu'elle remonte aux Croisades ou à l'Empire, il n'y a pas une seule femme dans votre putain d'arbre généalogique qui arrive à la cheville de Mammig. Vous ne nous méritez pas, Monsieur. Comme j'ai eu l'honneur de vous le dire, mon frère est resté à Dixmude, moi-même j'ai été torpillé deux fois, je ne sais comment j'ai survécu, dans la mer glaciale, la nuit, englué dans les nappes d'huile en feu. Et vous faites une affaire d'État parce que la marquise de mes choses s'est enfoncé une aiguille dans la fesse ? Qu'est-ce que ça aurait été si, au lieu de l'aiguille, il y avait eu une baïonnette !

Il regarda férocement le comte :

— Vous savez ce que c'est qu'une baïonnette?

Le comte ne répondit rien, il était au bord de l'apoplexie. François était lancé, une colère froide le gagnait inexorablement et rien n'aurait pu l'arrêter.

— Non, vous ne savez pas! Mais peut-être en avez-vous entendu parler? Vous savez, c'est en acier, c'est long, c'est pointu… Ça se fixe au canon d'un fusil et ça perce la poitrine d'un pauvre homme comme une aiguille un papillon. Ça rentrerait dans votre gros bide comme une lame rougie dans du beurre. Je vous en parle parce que moi je me suis trouvé face aux baïonnettes allemandes, et pas qu'une fois, Monsieur, je sais de quoi je parle.

Il regarda le comte sous le nez:

— Et pourquoi a-t-on subi tout ça? Pourquoi s'est-on fait trouer la peau? Pour se faire traiter comme des moins que rien par des trous-du-cul comme vous?

— Oh! fit Montmoreau scandalisé, je ne vous permets pas…

François eut un rire sans joie et répéta:

— Vous ne me permettez pas… Vous ne me permettez pas… Vous n'avez plus rien à me permettre ou à me défendre. Je suis un citoyen français comme vous, ce qui m'autorise à vous dire en toute légalité que je vous emmerde, Monsieur, vous et tous ceux de votre sorte, je vous emmerde!

Il sortit dignement et traversa, sans se presser, pieds nus, en caleçon et gilet de corps, le grand salon où la marquise, remise de sa blessure, recevait les gens de qualité du canton.

Il se fit un grand silence seulement troublé par le bruit d'un plateau chargé de verres, que, de saisissement, une servante avait laissé choir à la vue de cet homme à demi nu.

Puis la voix de François s'éleva. Il chantait haut et fort, et il chantait bien. Ce qu'il chantait, c'était la chanson de Craonne, cette chanson que l'Autorité militaire avait vainement essayé d'interdire dans les tranchées :

Adieu la vie, adieu l'amour,
Adieu toutes les femmes.
C'est bien fini, c'est pour toujours,
De cette guerre infâme,
C'est à Craonne, sur le plateau,
Qu'on doit laisser sa peau,
Car nous sommes tous condamnés
Nous sommes les sacrifiés !

Il avait pris une soubrette, interdite, par la taille et l'entraînait dans un tour de valse. Il était toujours en caleçon et tricot de corps, les pieds nus sur le beau parquet marqueté.

Le marquis de Soulange, pâle d'indignation, se dressait de toute sa courte taille, comme un petit coq sur ses ergots.

— C'est in… c'est in… c'est insensé ! bredouillait-il, ce chant défaitiste, chez moi… Je… Je… Je vous ferai fusiller !

— Trop tard, bonhomme ! rugit François, trop tard, on ne nous fusillera plus.

Le comte de Montmoreau, rouge comme un drapeau révolutionnaire, voulut faire taire son ex-chauffeur :

— François ! glapit-il, reprenez-vous !

Mais c'était trop tard, une rage insensée habitait François Carval. Cette même rage qui lui avait permis de survivre quand son bateau avait été coulé en Manche. Il revoyait les corps de ses compagnons hachés par la mitraille, les navires en feu qui se couchaient sur un océan de flammes dans un fracas d'enfer, les cris désespérés de ceux qui se noyaient et lui, dans l'eau glacée, agrippé à une épave, tenant son copain par le col.

Avait-il survécu à ces épreuves inhumaines pour être traité de défaitiste par un foutriquet qui donnait des bals dans son beau château pendant que d'autres se faisaient massacrer? Avait-il survécu à toutes ces épreuves pour que ce gros porc de Montmoreau lui parle de la sorte?

— Ta gueule! hurla-t-il à l'intention du comte qui faillit en avoir une attaque.

François avait lâché la soubrette après l'avoir remerciée courtoisement:

— Merci mademoiselle!

Puis il avait repris le refrain de sa chanson, le poing levé:

Ceux qu'ont l'pognon, ceux-là r'viendront
Car c'est pour eux qu'on crève,
Mais c'est fini, car les troufions,
Vont tous se mettre en grève,
Ça s'ra vot'tour, messieurs les gros,
De monter sur l'plateau
Car si vous voulez la guerre,
Payez-la de votre peau!

Arrivé à la porte, François se retourna et laissa tomber:

— Mesdames et Messieurs, je ne vous salue pas!

La porte claqua et il disparut dans la nuit.

— Ah mes bons amis, mes bons amis, excusez-moi ! bredouilla Montmoreau mortifié. Son menton tremblant agitait sa barbe noire sur le plastron blanc comme un petit animal à fourrure.

Il cherchait son souffle sans paraître en voie de le retrouver de sitôt. Le marquis de Soulange, comprenant que quelque chose de grave venait de se passer, mit une coupe de champagne dans la main du comte. Montmoreau la vida d'un trait, comme s'il venait d'accomplir un travail de force :

— Tout ça, souffla-t-il, c'est à cause de cette maudite guerre ! Avant… avant…

Il en bégayait.

— Avant, pas un seul domestique n'eût osé me parler sur ce ton !

Chapitre 9

Sous une lune épanouie qui éclairait la campagne d'une lueur irréelle, François Carval marchait allègrement sur le chemin creux qui longeait la côte en direction du Guilvinec. Il se sentait léger, léger… Presque aussi léger que lorsqu'il avait rejoint la maison de Mammig après avoir cassé l'aviron sur le dos de son tortionnaire du « *Dieu Protège* ».

Il s'en était passé des choses depuis lors ! Plus de quinze années s'étaient écoulées, et quelles années ! Deux ans à l'école des apprentis mécaniciens de l'arsenal, puis des affectations sur des grands vaisseaux de guerre, le tour du monde sur la Jeanne d'Arc, la découverte de terres nouvelles, de compagnons de toutes origines et puis la guerre, la terrible guerre de 14/18 qui avait saigné les campagnes et les ports… Deux naufrages, et il avait bien failli y rester. Le ciel avait été clément pour lui. Il avait pensé cent fois ne jamais retrouver cette côte dont il connaissait si bien chaque lieu-dit, Kergall, Langoz, Lodonnec, le Cosquer… Autant de fermes endormies sous la lune… Dans les cours, parfois, un tintement de chaînes, quelques abois du chien de garde, puis de nouveau des sentes bordées de talus, où les roues fer-

Minuit avait sonné depuis longtemps lorsqu'il poussa la porte de la maison basse. Il n'y avait jamais eu de serrure sur cette porte. Qu'y aurait-on trouvé à voler ?

Il craqua une allumette soufrée pour se repérer et le frottement sur le grattoir suffit à réveiller Mammig. Elle se dressa sur son lit haut et regarda la lumière, effarée, en demandant :

— *Piv a zo aze*?*

— *Fanchig, mamm.*

François avait trouvé le bougeoir à son chevet et avait allumé la chandelle ; Mammig clignait des yeux, éblouie par la lumière.

— *Fanchig*? *Pet eur eo*?**

— Un peu plus de minuit, *mamm*.

— Minuit ! Quelqu'un est mort ?

Déjà elle se signait. Les visites nocturnes ne présageaient, en général, rien de bon. Il la rassura :

— Mais non !

— Alors, qu'est-ce que tu fais, debout à cette heure ? Tu n'es pas bu ?***

— Non, Mammig, tu sais bien que je ne bois guère !

Elle le regardait, soupçonneuse. Vrai, il n'avait jamais été un *mezvier*, un de ces ivrognes que leurs femmes ou leurs mères devaient, la honte au front, aller ramasser avec la brouette dans le caniveau du cabaret où ils gisaient ivres morts.

Cependant il y avait maintenant six ans qu'elle n'avait vu son gars qu'épisodiquement, au gré de permissions trop courtes. En quatre années un homme peut changer.

* *Qui est là ? - prononcer* piou.

** *Quelle heure est-il ?*

*** *Tournure typiquement bretonne signifiant* Tu n'es tout de même pas ivre ?

Surtout en quatre années de guerre, ajoutées à deux années passées à Paris, il avait pu prendre de mauvaises habitudes.

— Je suis venu dormir, dit François.

— Dormir ? Mais où tu vas dormir ici ?

Bonne question, il n'y avait qu'un lit dans la petite pièce.

— Comme quand j'étais petit, dit François, sur les filets, dans le grenier.

Une échelle meunière menait sous la toiture de chaume.

— Des filets, grinça la vieille, il n'y en a plus. Ceux qui sont restés là sont tous pourris !

— T'inquiète pas, dit François, je ne compte pas partir à la pêche avec !

Il ne restait en effet plus grand-chose du matériel de pêche de son père. Celui-ci était mort depuis bientôt trente ans et Mammig avait vendu tout ce qui était vendable.

Il subsistait pourtant un tas informe de filets de sardine où les bélougas et les marsouins s'en étaient donné à cœur joie. Trop endommagés pour être réparés, ils étaient restés là en attendant que quelqu'un vienne récupérer la corde basse et les plombs qui pourraient resservir.

François l'étala sur le plancher, ça serait toujours moins dur que ces planches mal équarries. Puis, en dépit de la précarité de son grabat, il plongea dans un sommeil sans rêves.

Il se réveilla quelque peu endolori, se demandant ce qu'il faisait sur cette couche d'infortune. Puis tout soudain, la soirée de la veille lui revint en mémoire. En bas, il entendait Mammig qui faisait son « reuz », comme elle disait, c'est-à-dire qu'elle vaquait aux occupations du ménage.

Il descendit l'échelle et ce que Mammig remarqua tout d'abord, c'est qu'il avait changé de vêtements.

Elle fronça les sourcils et demanda :

— Mais ous'qu'est ton bel uniforme ?

Elle l'avait fort admiré, avec sa culotte de cheval, ses leggings de cuir verni, son gilet et sa casquette de chauffeur de grande remise. C'est qu'elle était fière de son gars !

Et voilà que par un affreux tour de passe-passe elle le retrouvait ce matin tel qu'il avait quitté le port pour s'engager dans la Marine, quelque quinze ans plus tôt, avec sa vareuse, son pantalon et son large béret de pêcheur.

— Je l'ai rendu, dit François.

— Rendu ? À qui ?

— À son propriétaire.

Mammig regardait son fils sans comprendre.

— Il ne m'allait pas, dit François.

Elle protesta :

— Si ma fé, il t'allait même très bien ! Chic que tu étais avec, vat !

— Eh bien moi, je ne me trouvais pas bien dedans !

Mammig n'avait pas d'instruction mais elle était fine mouche. Elle comprit ce que l'abandon de l'uniforme de chauffeur induisait.

— Pas bien ! Pas bien !

Elle se frappa la tempe de l'index :

— C'est dans ta tête que tu n'es pas bien, *paour kaezh droch** ! Et qu'est-ce que tu vas faire maintenant ? Tu vas retourner en mer probab', essayer de perdre ta vie comme ton père, comme tes frères !

* Paour kaezh droch : *pauvre écervelé.*

François la sentait pleine d'amertume, de déception. Son fils, le dernier de ses enfants, venait de perdre la si belle situation qu'il avait à Paris.

Et elle en était si fière, si fière! L'avait-on enviée lorsque son François l'avait promenée dans le pays dans la limousine du comte.

Soudain elle prit conscience de quelque chose et mit ses mains sur son cœur, comme s'il allait s'arrêter.

— Ma... Ce n'est pas... Ce n'est pas...

Puis elle éclata, véhémente:

— Je le savais bien qu'il ne fallait pas que j'aille dans cette *karr dre dan**, cette invention du diable, porte-malheur! Ah, misère de misère! C'est ça, hein Fanchic, c'est ça?

De ses petites mains dont il avait oublié la force, elle lui avait pris les poignets et les secouait, exigeant une réponse, la tête levée vers lui.

— Oui mamm, c'est ça, fit François agacé en se dégageant. C'est ça, et puis c'est pas ça! Fatigué que j'étais d'être un domestique.

Voilà qu'il reprenait les tournures du parler local.

— *Chessuss'!*** s'indigna-t-elle, fatigué d'être domestique, mais tout le monde est le domestique de quelqu'un, parement!

Elle cherchait des arguments, en bégayait presque:

— Et quand tu seras embarqué, tu n'auras pas un patron peut-être? Tu n'as même pas un bateau à toi!

— J'essayerai pas, dit-il. Si j'avais été aussi bon pêcheur que mon père, peut-être, mais je suis un marin d'État, un mécanicien breveté. Alors...

— Alors...

* *Cette charrette à feu, appellation bretonne de l'automobile au début du siècle.*

** *Jésus. Utilisé comme on dirait « Mon Dieu! ».*

Mammig fulminait.

— Et tu comptes trouver des moteurs à réparer par ici ? Tout le monde va à la voile, mon pôv' gâs. Le vent est pour rien, c'est pas demain que le mond'va acheter des moteurs pour met' su' les bateaux !

Cette discussion fatiguait François. Il regarda vers l'âtre où, sous le trépied, une petite fumée grise montait d'un tas de cendres.

— Il n'y aurait pas un peu de café ?

Sa mère le regarda, effarée :

— Du café ? Et puis quoi encore ? On voit que tu as été habitué à vivre dans les châteaux, toi. Du café ! De la chicorée, et encore, pas tous les jours !

Mal contente, elle le servit dans un bol ébréché. Il n'y avait pas de sucre non plus, le breuvage noirâtre était amer. François grimaça. Mammig avait sorti d'un placard un quignon de pain noir et un morceau de lard qu'elle jeta plus qu'elle ne les posa sur la table. Ses provisions de la semaine, sans doute.

Debout derrière lui, les bras croisés, elle le regardait manger, le couvant d'un regard lourd de rancune.

Lorsqu'il eut fini, il replia son couteau et le mit dans sa poche. Puis il sortit son porte-monnaie et déplia un billet qu'il tendit à sa mère.

— Tiens !

Elle regardait le billet sans oser le prendre.

— C'est à toi ?

— Oui c'est à moi, dit-il impatienté. Rassure-toi, je ne l'ai pas volé. Ce sont mes économies.

Elle le considérait avec réprobation :

— Les économies, c'est pas fait pour être dépensé, dit-elle sentencieuse.

Il ironisa :

— Ah non ? À quoi ça sert, alors ?

— Ça sert quand on est dans le besoin !

Il regarda incrédule autour de lui, cette pauvre maison au sol de terre battue, aux murs blanchis à la chaux avec une porte mal jointe qui, les jours de tempête, laissait toujours passer la bise. Et puis ce placard qui contenait à peine de quoi ne pas mourir de faim. Qu'est-ce que Mammig appelait le besoin ? Inutile de chercher à la convaincre. Il haussa les épaules et entrouvrit le porte-monnaie.

— J'en ai d'autres…

C'était vrai, il n'était pas dépourvu. Logé, nourri et blanchi depuis deux ans, il avait mis de côté sa prime de démobilisation et ses gages. Il n'était pas le fils de Mammig pour rien. Son ambition avait toujours été de faire bâtir maison lorsqu'il reviendrait au pays.

Seulement, il n'avait pas pensé que ce retour se ferait si tôt et il allait devoir faire durer son magot tant qu'il n'aurait pas trouvé une autre situation. Ce qui ne saurait tarder, pensait-il. Du diable, avec le poisson qui abondait, les usines redémarraient et les étuves, les sertisseuses, les machines à vapeur avaient besoin des soins d'un homme de l'art. Les mécaniciens ne couraient pas les rues à l'extrême pointe du Finistère. C'était bien le diable s'il ne trouvait à s'employer. Allons, il n'y avait pas de quoi s'en faire.

Mammig avait pris le billet entre le pouce et l'index.

— Et qu'est-ce que je ferai avec ça ?

— Tu achèteras du café, du sucre, du pain et du lard !

Il la regarda dans les yeux et ajouta :

— Pour commencer !

Puis il se leva et la prit aux épaules avec délicatesse, comme si elle était un bibelot fragile et lui dit doucement en montrant le billet qu'elle tenait toujours :

— Et quand il n'y en aura plus, je t'en donnerai d'autres.

À présent le regard de Mammig était plein de méfiance. Est-ce que son garçon n'avait pas perdu la raison ? Comme si l'argent poussait comme ça, comme s'il n'y avait qu'à claquer dans ses doigts pour voir se remplir sa bourse !

— Va petite mère, lui dit-il en français, c'était littéralement la traduction de Mammig, va petite mère, désormais je m'occupe de tout et tu ne manqueras plus jamais de rien.

Mal convaincue, elle sortit en bougonnant tandis qu'il remontait dans son grenier. En fouillant dans les vieilleries qui étaient entassées sous des couches de poussière, il trouva une voile de réforme ayant appartenu au *Saint-Trémeur* avant qu'il ne fasse son trou dans l'eau. Elle était de couleur ocre avec des empiècements bleu pâle délavés par le sel et avait dû faire beaucoup d'usage avant d'être remisée là. Il chassa le gros de la poussière qui s'y était déposée et fit tomber le paquet de toile raide au bas de l'échelle. Puis il le traîna dehors, sur la dune, pour l'étaler.

Des enfants venus des maisons avoisinantes le regardaient faire avec curiosité.

— Qui tu es, toi ? demanda-t-il à un garçonnet d'une douzaine d'années qui tenait une petite fille par la main.

— Laurent Cariou, marmonna le gamin en reculant d'un pas.

— Laurent Cariou ?

Le gamin hocha la tête. François se remémora alors ce Cariou qui avait fait son trou dans l'eau avec le *Saint-Trémeur*, ce même jour où Charles son père et Charlig, son frère aîné, avaient disparu corps et biens. Douze ans, ce gamin avait douze ans, c'est-à-dire l'âge qu'avait ce grand frère qu'il n'avait pas connu lorsqu'il s'était noyé.

— Comment s'appelle ton père? demanda-t-il encore.

Le gamin ne répondit pas. Avait-il compris le sens de la question? François précisa:

— Robert, Louis ou Eugène?

— Eugène, dit le garçon avec un soupçon de curiosité dans la voix.

— Eugène! dit François avec émotion.

C'était le plus jeune garçon de la famille Cariou. Lui non plus n'avait guère connu son père. Il regarda le môme avec un autre œil. Il était déjà vêtu comme un matelot, avec un pantalon trop large et une vareuse empiécée retaillée dans les habits de ses frères aînés.

— Sais-tu que, quand j'avais ton âge, ton père était mon meilleur copain?

Laurent le regardait, bouche bée. Pouvait-il croire que ce type qui conduisait une automobile avait été l'ami de son père?

François questionna de nouveau:

— Eugène fait toujours la pêche?

— Voueille, fit le gamin étonné par la question. Qu'aurait-il fait d'autre? Lui aussi savait que son destin était tout tracé: un embarquement comme mousse d'ici peu.

— *Mat tre**! dit François avec satisfaction. Alors je suis sûr qu'il a une aiguille à voile et une paumelle

* *Très bien.*

quelque part dans un tiroir dans ta maison. Tu ne veux pas demander à ta mère de me les prêter?

Le gamin le regardait, toujours bouche bée. François sortit alors une pièce de sa poche et la lança au gamin qui l'attrapa habilement. Il ouvrit le poing et contempla le sou comme s'il n'en croyait pas ses yeux. Puis il abandonna sa petite sœur, ses sabots, et s'élança courant pieds nus en criant « *Mamm*! *Mamm*! »

François se mit à rire; il caressa la joue morveuse de l'enfant qui portait déjà sa petite coiffe de travers.

— Et toi, comment tu t'appelles?

Elle serra les lèvres, farouche.

— Tu ne veux pas me dire?

Elle fit non de la tête et prit la fuite sur les traces de son frère en tenant ses cotillons à deux mains.

François haussa les épaules en riant et se mit à étendre la voile sur l'herbe rase de la dune. Dans la partie la plus saine il compta quatre grands pas puis un et demi de manière à obtenir un quadrilatère qu'il délimita avec des galets posés sur la toile.

Il sortit alors son couteau de sa poche et coupa la toile le plus droit possible.

Une femme le surprit dans ces travaux. Il leva la tête et s'exclama:

— Gaïdig!

Le visage de la femme s'éclaira.

— Fanchig!

— Où est Eugène? demanda-t-il.

Elle haussa les épaules. Quelle question!

— En mer, *michans**!

Et elle précisa:

— Il fait le maquereau sur l'*Immaculée Conception*.

* *Ici prend le sens de « probablement ».*

François se retint de sourire. Gaïdig n'avait probablement jamais envisagé que « faire le maquereau » pût être une action que la morale réprouve.

Elle ne connaissait qu'un sens à cette phrase, celui de « faire la campagne du maquereau », comme on se livrait à la pêche à la sardine, ou au thon.

Elle ouvrit sa main, tendant l'alêne, cette grosse aiguille courbe qui sert à coudre les toiles épaisses.

— C'est ça que tu veux?

— Oui, avec la paumelle…

La paumelle était une pièce de bois tenue par des lanières de cuir. On la plaçait dans le creux de la main et on pouvait ainsi pousser l'alêne sans se percer la paume.

— Et du fil, et du suif, ajouta-t-il.

Le suif aidait l'aiguille à glisser dans l'épais coton.

Du pied Gaïdig tâta la toile décolorée.

— Qu'est-ce que tu vas faire avec ça?

— Mon lit!

Elle demanda, méfiante:

— Tu vas demeurer là?

— Ben oui…

Il la regarda dans les yeux:

— C'est chez moi, non?

— Probab', dit-elle encore. Je croyais…

— Tu croyais quoi?

— Je croyais que tu retournerais à Paris.

— Moi aussi je croyais, dit-il, et puis j'ai changé d'idée.

Elle croisa les bras d'un air réprobateur:

— Je ne sais pas si tu as bien fait… Sûr qu'Eugène sera content de te revoir, mais la vie est dure ici.

Il haussa les épaules:

— La vie est dure partout ! Mais ici au moins on sent la mer.

Le garçon était revenu. Il avait remis ses gros sabots de bois et il regardait François découper sa voile. La petite, dissimulée derrière sa mère, s'accrochait à ses jupes.

Gaïdig haussa les épaules et renifla avec mépris : comme si ça remplissait le ventre, de respirer la mer ! Elle était née dans une petite ferme, à Plobanallec, à une lieue de la côte et elle ne s'était jamais habituée à cette demeure sur la palud, face à ce monde mouvant, changeant, hostile. Toute cette eau qui montait à l'assaut de la côte, tantôt silencieuse, tantôt grondante, puis qui repartait au gré d'on ne savait quelle mystérieuse machinerie céleste, l'angoissait. Elle se sentait oppressée par cette immensité qui savait être si plate, si calme sous les couchers de soleil, puis qui s'animait soudain d'une incompréhensible fureur, lançant ses énormes rouleaux couronnés d'écume à l'assaut de la terre. En ces jours de furie, Gaïdig ne savait que prier la Bonne Mère, Jésus et tous les saints du paradis, terrée près de son âtre où le vent sifflait furieusement, rabattant la fumée dans la pièce.

Elle était convaincue, elle, que plus on était éloigné de la mer, mieux on se portait. Elle prit la fillette sous son bras, sans ménagement, et, mal contente, retourna vers sa chaumière.

Le garçon se tenait à distance, les mains dans les poches, embarrassé. François continua son découpage, concentré sur sa tâche. Enfin il demanda, sans lever les yeux et sans avoir l'air d'attacher d'importance à sa question :

— Je suis sûr que ta mère t'a pris ton sou.

Le garçon ne répondit pas ; ce silence équivalait à un acquiescement, sinon, il eût montré fièrement sa pièce.

Un silence s'installa, pendant lequel on n'entendit que la lame bien affûtée qui taillait dans la vieille voile.

— Tu veux gagner un autre sou ? demanda François d'un air détaché.

Les yeux du petit se mirent à briller, il chuchota :

— Voui.

— Un sou qui ne sera qu'à toi, dit Fanchig. Tu le garderas pour aller faire un tour de manège à la Tréminou.

La Tréminou était le grand pardon de Pont-l'Abbé où tout gamin du pays bigouden rêvait de se rendre un jour.

François, ayant terminé son découpage, sortit une autre pièce de sa poche et la fit miroiter au soleil. Le gamin, les yeux écarquillés, ne quittait pas le petit cercle de métal brillant des yeux.

— Mais j'ai dit qu'il fallait la gagner, dit François en remettant la pièce en poche d'un geste de prestidigitateur. Pendant que je couds, tu vas aller sur la grève ramasser des goémons secs. Après tu m'aideras à les mettre dans l'enveloppe que je suis en train de coudre, et ensuite, tu m'aideras encore à monter ce matelas au grenier.

Le garçon partit en courant, ce qui fit rire François. Il ne tarda pas à revenir en portant une brassée de varechs craquants.

— À la bonne heure ! dit François, mais ne t'arrête pas, il faudra encore plusieurs brassées comme celle-là pour me faire un lit confortable.

Ayant cousu trois côtés de sa toile, il bourra l'étui ainsi formé du goémon sec que rapportait le garçon infatigablement. Quand il jugea l'épaisseur suffisante, il entreprit de coudre le dernier côté sous le regard intéressé de son aide.

— Voilà, dit-il avec satisfaction la dernière aiguillée tirée. Maintenant, croche dans un bout, Laurent, on va le hisser dans ma nouvelle chambre.

Avant de procéder à l'installation de ce lit de fortune, François repoussa les vieux filets dans un coin du grenier et ramassa le gros de la poussière avec le balai d'ajonc de Mammig.

Lorsque le matelas de varech fut installé, il s'y allongea avec volupté. Il y avait bien, çà et là, quelques points durs qui lui rentraient dans les côtes, mais tout ça finirait bien par s'arranger.

De toute manière sa couche serait infiniment plus confortable que le tas de filets truffés de plombs sur lequel il avait dormi la nuit précédente.

Il se releva, redescendit l'échelle et donna la pièce au gamin qui, maintenant, le regardait comme le bon Dieu.

Puis il prit le sentier qui menait au port.

Chapitre 10

Le chemin de sable qui serpentait entre les touffes d'oyats aux longues feuilles coupantes, les potentilles jaunes et le chiendent rouge n'était guère fréquenté à cette heure du jour.

François avait ôté ses sabots et les portait à la main, veillant cependant à ne pas poser le pied sur les magnifiques chardons bleus capables de lui infliger de cruelles piqûres.

Une silhouette noire venait à sa rencontre. C'était sa mère. Elle n'avait mis que sa sous-coiffe et portait, sous le bras, un panier d'osier sur lequel était posé un linge blanc.

Elle s'arrêta, à trois pas de lui, et le considéra d'un air mal content.

— Où c'que vous allez comme ça ? demanda-t-elle d'un air soupçonneux.

Visiblement, elle n'avait pas encore évacué la colère et la déception que son fils lui avait occasionnées la nuit dernière.

Sans attendre la réponse, elle ajouta en tapant de la main sur son panier :

— J'ai acheté comme vous m'avez dit. Et en plus Jos Le Gall m'a donné une belle tête de congre avec un morceau après. Je la ferai ce soir, avec des patates et des oignons.

Jos Le Gall était un vieux pêcheur, un compagnon de son père qui touchait maintenant ses invalides*. Il avait gardé son petit canot et, lorsque le temps était beau, posait des palangres** autour des roches affleurant la surface à basse mer. Ces récifs étaient des endroits dangereux qu'il fallait bien connaître pour s'y risquer. Jos posait aussi quelques casiers et il n'était pas rare qu'il ramenât une paire de beaux homards bleus qu'il vendait au mareyeur, et quelques araignées qu'il distribuait ici et là contre un boujaron de vin rouge.

Il n'avait jamais oublié la veuve de son ami et l'approvisionnait régulièrement en poisson et en crustacés. En échange, car Mammig ne prenait jamais rien pour rien, elle lui ramendait ses fins filets à rougets, tâche délicate que des gros doigts d'homme ne savaient pas mener à bien.

— Un ragoût de congre, dit François alléché, ma! C'est une bonne idée, *mamm*! Je vais faire un tour sur le port, dit-il d'un air désinvolte.

Elle le regarda s'éloigner, haussa les épaules et fit « Pff! » avant de reprendre son chemin.

Cependant, avant d'arriver sur le port, François entra dans un grand bâtiment d'où sortaient des bouffées de vapeur et des relents de poisson cuit.

Le port comptait alors six usines, mais la plus importante et la plus ancienne était celle des frères Chancerelle. C'était là que, pendant la crise de la sardine, au début du siècle, l'industriel assisté par les sœurs organisait des soupes populaires. Les plus démunis apportaient leur assiette et une cuiller et

* *Sa retraite.*

** *Lignes dormantes portant plusieurs hameçons.*

recevaient une louchée de soupe qui les empêchait de mourir de faim.

Peut-être était-ce cette réminiscence qui avait poussé François à commencer là sa quête d'embauche.

Devant des tables, des femmes en coiffe mettaient en boîtes les sardines encore fumantes qui sortaient de la friture. L'air empestait l'huile chaude et les machines à emboîter faisaient un fracas d'enfer.

François resta là, les bras ballants, contemplant ce spectacle qu'il n'avait jamais vu. Les femmes au regard hardi le regardaient du coin de l'œil, l'air goguenard, échangeant des propos moqueurs qui se prolongèrent par des éclats de rire.

Un petit homme boitant bas sortit alors d'une construction de planches située au fond de l'atelier, sur une sorte d'estrade, pour voir ce qui avait provoqué ces rires.

— Qu'avez-vous à rire comme des sottes? demanda-t-il l'air courroucé.

Le silence revint immédiatement et chacune replongea sur son ouvrage en affectant la plus grande concentration.

Visiblement, ce petit boiteux était un homme d'autorité. Lorsqu'il avisa François il descendit les trois marches qui menaient à son bureau et, le considérant sans aménité, l'apostropha:

— Qu'est-ce que tu veux, toi?

Et, sans attendre de réponse, il ajouta:

— D'abord, qu'est-ce que tu fais là? Tu ne sais pas lire?

Il montrait une pancarte blanche sur laquelle était écrit en grosses lettres rouges: Interdit au public.

— Je sais lire, Monsieur, dit François…

— Alors, aboya l'autre, tu crois peut-être qu'on a écrit ça pour les chiens ? On a autre chose à faire ici que de rire ! On est là pour travailler !

Il avait crié cette dernière phrase pour que les femmes puissent l'entendre.

C'était un petit bonhomme, il devait lever la tête pour parler à François qui le dépassait d'une tête. Il sentit que ce manque de taille le faisait perdre en prestige et remonta deux marches, ce qui le mit aussitôt en position de supériorité.

— Je cherche du travail, dit François.

Fort de sa position élevée, l'homme le toisa, puis le scruta avec attention.

— Du travail ? Et qui te dit qu'il y en a ici ?

— Ben, dit François en montrant les femmes qui continuaient à le dévisager en riant sous cape, je vois le monde travailler alors j'ai pensé…

— Tu as pensé qu'on aurait besoin de tes larges épaules pour porter les boîtes de sardines… D'abord, qui es-tu ?

— Je m'appelle François Carval et j'habite le hameau de Menez Groaz sur la palud, vers Penmarc'h. Mais vous-même, Monsieur, qui êtes-vous ?

Le petit homme revint vers lui :

— Tu veux savoir qui je suis ? C'est juste puisque je sais qui tu es. Ici on m'appelle Monsieur Pérennec car c'est mon nom. Je suis le contremaître de cette usine et le fondé de pouvoir et, je m'honore de pouvoir le dire, l'homme de confiance de Monsieur Chancerelle.

Ce disant, il se rengorgea comme un pigeon-paon. Visiblement, il n'était pas peu fier de sa position

« d'homme de confiance » du plus gros industriel de la région.

— Je n'ai pas d'emploi de manutentionnaire à pourvoir, ajouta-t-il. Tous les gars qui viennent de la campagne et qui ont le mal de mer, à défaut de devenir matelots, aspirent à être manutentionnaires. Donc, les manutentionnaires ne manquent pas. En revanche, si tu étais mécanicien…

— Mais je suis mécanicien, Monsieur Pérennec, dit François d'une voix douce.

— Tu es mécanicien? s'exclama le petit homme, mais pourquoi ne le disais-tu pas?

Il considéra François d'un air soupçonneux du haut de ses trois marches:

— C'est bien vrai?

— Oui Monsieur, fit François en hochant la tête énergiquement.

Le petit homme ordonna:

— Viens-t'en par là!

François escalada les trois marches de bois et entra dans ce qui servait de bureau à Monsieur Pérennec. Le lieu était sommairement meublé d'une table de bois blanc supportant un appareil téléphonique posé sur un socle de bois vernis et un registre largement ouvert plein de colonnes de chiffres, un porte-plume, un encrier.

Monsieur Pérennec s'assit sur une chaise pourvue d'accoudoirs et mit en bouche sa pipe, une sorte de brûle-gueule courbe qui lui pendait sur le menton.

— Ainsi tu serais mécanicien? demanda-t-il d'un air dubitatif. Tu n'en as guère l'apparence. Tu es vêtu comme un matelot.

— Avant la guerre j'étais pêcheur, dit François.

Monsieur Pérennec ne semblait toujours pas convaincu :

— Tu étais matelot et tu serais devenu mécanicien ?

— C'est ça !

— Où as-tu appris la mécanique ?

— Dans la Marine, Monsieur. Je me suis engagé lorsque j'ai eu seize ans. Comme je vous l'ai dit, auparavant j'avais fait la pêche. Quand la guerre est venue, je venais d'être reçu à l'examen de mécanicien de première classe.

— Tu as donc fait la guerre ?

— Oui, Monsieur. J'ai été coulé deux fois, en 16 sur le *Phénix*, en 17 sur le *Triomphant*. J'ai été gravement blessé lors de ce second naufrage et j'ai fini la guerre à l'arsenal de Brest comme metteur au point.

Monsieur Pérennec le regardait d'un œil soupçonneux.

— Et tu prétends connaître les machines à vapeur ?

— Oui, Monsieur. Et les moteurs à pétrole aussi…

Il s'arrêta soudain comme s'il était conscient de l'imprudence qu'il y aurait à parler du comte.

— Sais-tu conduire les voitures automobiles ?

— Oui, Monsieur.

— Où as-tu appris à le faire ?

— Dans la Marine. J'ai même été le chauffeur de l'amiral Guépratte, ajouta-t-il fièrement.

— L'amiral Guépratte ? dit Monsieur Pérennec incrédule. Tu as connu l'amiral Guépratte ?

L'amiral Guépratte était un des héros légendaires de la Marine de 1914.

— Puisque je vous dis que j'étais son chauffeur !

— Ça alors ! s'exclama le vieil homme en scrutant son interlocuteur d'un regard nouveau.

C'était presque trop beau. Si ce type n'était pas un affabulateur - il faudrait le mettre à l'épreuve, prendre des renseignements - c'était l'oiseau rare, l'homme qui manquait à cette usine où la production était trop souvent arrêtée parce que des machines tombaient en panne et qu'il fallait faire venir un mécanicien de Douarnenez, quand ce n'était pas de Nantes, pour les réparer.

— Écoute, dit-il à François, je ne te cache pas qu'il y aurait peut-être du travail pour toi ici. Cependant…

François était pendu à ses lèvres.

— Cependant je ne suis pas habilité à embaucher pour un poste à responsabilité comme celui-là. Pour ce qui est des manutentionnaires, des ouvrières à la friture, j'ai toute latitude, mais pour un poste de mécanicien… Ces machines coûtent cher, si jamais tu n'étais pas à la hauteur…

— Mais je serai à la hauteur, dit François avec conviction.

— Je veux bien te croire, dit le contremaître, mais il faut que j'en réfère à Monsieur Gaston, c'est la règle. Reviens demain…

Gaston, dernier fils de Charles Chancerelle, un des grands patrons de l'industrie de la conserve, en Bretagne, possédait plusieurs usines sur tout le littoral. Il avait succédé à ses deux aînés, Jacques, disparu quelques mois avant Étienne, décédé lui en 1912 des suites d'un accident de chasse.

Monsieur Pérennec cligna de l'œil d'un air complice :

— Je crois que ton affaire est bien engagée, mon garçon.

Puis, sous le regard des femmes qui emboîtaient le poisson, il raccompagna François jusqu'à la porte, en se frottant les mains comme quelqu'un qui vient de conclure une bonne affaire.

Avant de repartir vers le port, François se retourna et la dernière vision qu'il eut de son futur lieu de travail fut le sourire d'une jeune fille en coiffe, fièrement campée devant la longue table encombrée de boîtes de conserve.

Cette gracieuse image le poursuivit jusqu'au bout du quai. Les bateaux qui avaient traîné leurs lignes tout le jour rentraient les uns après les autres et les matelots s'empressaient de charger les charrettes qui porteraient la pêche jusqu'aux magasins des mareyeurs.

François regardait en badaud les employés qui alignaient les maquereaux, raides comme des barres d'acier, dans des caissettes de bois, admirant leur dextérité et l'organisation du travail. Le poisson était vendu à la pièce, chaque caissette en contenait quarante.

Lorsque le compte était atteint, une femme couvrait le poisson d'une feuille de papier sulfurisé, une autre finissait de remplir la caisse avec de la glace pilée. Enfin, au bout de la chaîne, un homme clouait les couvercles et apposait les étiquettes des destinataires.

Des manutentionnaires chargeaient ensuite ces caisses sur des charrettes qui, dès qu'elles avaient leur chargement complet, partaient dans de grands claquements de fouet pour être embarquées dans le train de Paris. Il ne s'agissait pas de traîner, la marée quittait la gare de Quimper à onze heures pour être aux halles de Baltard, chez le mandataire, le lendemain à quatre heures du matin.

Huit lieues à parcourir à bon train ; les cochers ne ménageaient pas les chevaux et il ne faisait pas bon se trouver sur le chemin lorsque cette caravane lancée dans sa course effrénée filait des quatre fers vers la gare.

Autant dire que, soumis à ces cadences infernales, les chevaux ne faisaient pas une longue carrière. Un an, deux ans pour les plus résistants et, s'ils ne mouraient pas à la tâche dans les brancards, ils se trouvaient à la réforme, dans quelque petite ferme où ils n'étaient plus bons qu'à tirer la charrue.

François regardait, enregistrait, calculait. Mais il n'envisageait pas de faire ce métier de fou. Demain, la semaine prochaine, se disait-il, j'aurai à m'occuper des machines de la grande maison Chancerelle où je serai mon propre maître puisque je serai le seul à comprendre le fonctionnement de tous ces appareils.

Et puis, pensait-il, je reverrai peut-être cette charmante Bigoudène qui a un si joli sourire.

Il passa la nuit dans son grenier à rêver à sa nouvelle situation et à élaborer des projets d'avenir.

Il se voyait marié avec la jolie fille dont il ne connaissait même pas le nom, il ferait bâtir une jolie maison près du port et, dans un bien-être sûr, ils élèveraient les enfants que le bon Dieu leur enverrait.

Hélas, les choses de la vie vont rarement comme dans les rêves.

Chapitre 11

Lorsque, le cœur en fête, François Carval se présenta, le lendemain, au bureau de Monsieur Pérennec, il trouva le brave homme bien embarrassé.

Après lui avoir serré longuement la main, le contremaître l'entraîna vers ce bureau qu'il avait déjà visité la veille et où on lui avait donné tant d'espérances.

— Venez donc par là, François Carval !

Cette fois, Pérennec lui manifestait plus d'égards : d'abord il ne le tutoyait plus... Il tira une chaise et l'invita à s'asseoir, ce que fit François sans le quitter des yeux. Toutefois, ce vouvoiement était suspect.

— Ah ! Jeune homme... dit-il d'une voix contrite en levant les mains d'un air désolé.

François sentit dans le ton du contremaître que quelque chose n'allait pas. Il fronça les sourcils :

— Y aurait-il un problème, Monsieur Pérennec ?

— On peut bien le dire, soupira le contremaître.

— Vous ne cherchez plus de mécanicien ?

Le vieil homme haussa les épaules et murmura :

— Que si !

— Alors ?

Pour toute réponse, Pérennec leva ses mains ouvertes vers le ciel.

— Vous avez trouvé quelqu'un d'autre?

Le contremaître arborait la mine d'une personne bien embarrassée.

Comme il restait muet, François s'impatienta:

— Mais répondez donc, Monsieur!

Le contremaître se leva, fit deux pas dans un sens dans la pièce étroite, puis deux pas dans l'autre, ce qui le ramena à sa position initiale. Il s'arrêta soudain comme s'il venait de prendre une décision importante:

— Écoute, dit-il en reprenant le tutoiement, je pourrais en effet te répondre que l'on a déjà embauché quelqu'un d'autre, et puis ça serait fini, tu t'en irais… Mais voilà, je suis un honnête homme, moi. Je ne suis pas un menteur! La vérité, c'est que Monsieur Gaston s'est renseigné sur ton compte. Monsieur Gaston a des relations dans tous les ministères, et en particulier dans celui de la Marine.

— Mes états de service… commença François.

Le contremaître l'interrompit:

— Tes états de service sont impeccables. Tes chefs te décrivent comme un mécanicien très capable tant sur les machines à vapeur que sur les moteurs à pétrole. Ils ont ajouté que tu étais un matelot sérieux, courageux et honnête…

— Alors, dit François, qu'est-ce qui cloche?

Le contremaître ne répondit pas.

— Ils ont aussi dit que tu étais un garçon intelligent.

François ironisa:

— N'en jetez plus!

Et, après un silence, il ajouta avec amertume:

— Et malgré tous ces éloges, vous ne voulez pas de moi.

Ce n'était pas une question, mais un constat.

— Tu sais bien que je veux de toi, moi, dit le contremaître tristement. Tu es exactement l'homme qu'il me faudrait dans cette usine. Seulement…

— Seulement quoi ?

— Seulement, tu ne m'as pas dit toute la vérité. Tu m'as dit que tu étais mécanicien breveté de la Marine, que tu avais fait la guerre, que tu avais été coulé deux fois, mais tu ne m'as pas dit ce que tu avais fait depuis la fin de la guerre.

— J'ai compris, dit François en faisant mine de se lever. Montmoreau ?

— Le comte de Montmoreau, en effet, dit le contremaître en lui faisant signe de rester assis. Tu ne m'as pas dit que tu avais été son chauffeur pendant deux ans.

— Il ne m'a pas proposé de certificat de travail, ricana François. Comme vous l'avez dit, j'ai été à son service pendant deux ans, et puis j'ai démissionné.

— Démissionné ! répéta Pérennec, et de quelle manière !

Le vieil homme hochait la tête d'un air accablé en répétant « démissionné… démissionné… ».

François s'appuya au dossier de sa chaise, les mains bien à plat sur ses cuisses.

— Vous connaissez les détails ?

— À peu près, dit-il. Seulement, Monsieur Gaston était au château de Langoz quand tu as traversé la salle de réception à demi nu en chantant des refrains révolutionnaires. Quel coup de folie t'est donc passé par la tête, mon pauvre garçon ?

Cette fois le vieil homme avait l'air désolé. François regardait Monsieur Pérennec avec sympathie. Il lui déplaisait de passer pour une tête brûlée auprès du contremaître.

Il baissa les yeux vers le plancher, puis les releva vers Monsieur Pérennec :

— Croyez-vous qu'on quitte le service du comte de Montmoreau comme ça, quand ça vous plaît ? demanda-t-il. Quand on est au service de ce genre d'homme, on est sa chose. Il peut, lui, vous jeter à la rue sans préavis, mais pour quitter le service, Monsieur, il faut solliciter, prendre des gants.

Il se dressa fièrement :

— Moi je ne sollicite plus, Monsieur, je réponds sur le ton dont on me parle. Quatre ans de guerre m'y autorisent. J'ai donné mon sang, j'ai perdu un poumon, mon frère est mort, tout ça pour conserver à Montmoreau et à quelques autres planqués de son acabit des fortunes insensées. Mais Montmoreau, lui, n'a pas fait la guerre !

— Il était trop vieux, dit Monsieur Pérennec.

— 39 ans en 1914, dit François, si ça avait été un paysan bigouden au lieu d'un banquier parisien, on ne l'aurait pas trouvé trop vieux.

Monsieur Pérennec le regarda avec effroi :

— Serais-tu anarchiste ?

François sourit pauvrement.

— Ai-je une tête à jeter des bombes ?

Monsieur Pérennec le contempla longuement. On le sentait plein de perplexité. Au bout de sa réflexion, il secoua la tête de droite à gauche.

François soupira :

— Mais non, Monsieur Pérennec, je ne suis rien du tout. Rien qu'un pauvre matelot breton à qui on refuse de laisser gagner son pain. Ma mère est une personne aussi honorable que celle de Montmoreau, plus courageuse même que tous les Montmoreau de la terre. Pourtant, ce porc de Montmoreau s'est moqué d'elle.

— Tais-toi, malheureux, fit Pérennec en jetant un regard inquiet à la ronde, tais-toi, on pourrait t'entendre.

— Et alors ? gronda François.

Pérennec se fâcha :

— Tête de mule ! Tu n'as donc pas encore assez d'ennuis ?

François ne parut pas l'entendre. Il gronda en baissant la tête :

— Il a osé se moquer d'elle…

Puis il fixa le contremaître dans les yeux et, serrant les poings, dit d'une voix pleine de rage contenue :

— Jamais je ne pourrai lui pardonner ça. Quand bien même il me ferait des excuses…

Monsieur Pérennec eut un petit rire grinçant :

— Où vas-tu chercher que le comte de Montmoreau pourrait te faire des excuses ? Tu rêves, mon garçon !

— Oui je rêve, dit François avec amertume. On a écrit au fronton de la mairie, « Liberté, Égalité, Fraternité »… Ce ne sont donc que des mots !

— Tu ne serais pas communiste ? demanda cette fois le contremaître en reculant d'un pas, comme s'il avait vu le diable.

— Je vous l'ai dit, je ne suis rien du tout, Monsieur Pérennec, la politique, je m'en moque !

Cette fois, sa voix était lasse lorsqu'il répéta :

— Je suis un pauvre homme qui a fait son devoir pendant quatre ans de guerre, qui a été coulé deux fois, qui a été grièvement blessé, qui a perdu son frère et auquel on interdit de travailler pour gagner son pain.

— Je le sais bien, dit le contremaître avec contrariété, mais c'est cet éclat, ce coup de folie… Sais-tu que Monsieur le Comte aurait pu te poursuivre pour outrage à la pudeur ?

— C'est ça, dit François sarcastique, et si j'avais gardé sa livrée, il m'aurait poursuivi pour vol. D'ailleurs, ajouta-t-il, je n'étais pas plus impudique que les Parisiens qui viennent aux bains de mer l'été.

Le contremaître ne chercha pas à discuter ce point.

— Je connais Monsieur Gaston, dit-il à mi-voix comme s'il craignait que quelqu'un l'entende. Je suis sûr que la scène l'aura secrètement fait bien rire, mais voilà, le comte de Montmoreau est un homme important.

Gaston Chancerelle appartenait à cette bourgeoisie enrichie dans le commerce du poisson, qui s'honorait de pouvoir frayer avec les hobereaux des environs.

Les uns avaient l'argent, les autres les manières. Monsieur Étienne, le prédécesseur de Monsieur Gaston à la tête des établissements Charles Chancerelle, s'était pris d'un amour immodéré pour la chasse à courre. Il entretenait à grands frais une meute de deux douzaines de briquets d'Artois et de griffons dont le moindre avait coûté deux cent cinquante francs, un piqueux d'expérience nommé Jean-Claude Mercier connu de tous les hobereaux bretons, et deux valets de chiens. Montmoreau n'était pas le dernier à suivre ces chasses à courre en automobile, se gaussant de cette « noblesse de rogue »* comme on disait alors pour désigner ces nouveaux riches sans penser qu'on aurait

** On appelle « rogue » les œufs de morue salés importés de Norvège pour appâter la sardine. Cette dénomination péjorative jouait avec l'autre qualificatif, « noblesse de robe ».*

pu lui attribuer, à lui, le titre de noblesse du pinard.

Pérennec poursuivait :

— Montmoreau a dit haut et fort que quiconque favoriserait tes entreprises se classerait immédiatement au rang de ses ennemis.

François se leva, furieux. Il sentait le gagner la même colère froide qui l'avait poussé à faire son éclat au château de Langoz.

— Vous n'êtes pas la seule usine sur le quartier maritime, dit-il au contremaître. Tout le monde n'est pas aux ordres de Montmoreau !

Le vieil homme le prit aux épaules, le poussa fermement vers une chaise et ordonna avec force :

— François Carval, assieds-toi !

Surpris par cette véhémence, François se laissa tomber sur le siège. Monsieur Pérennec fit deux pas en arrière et le contempla :

— Je vais te parler comme un père…

Il chercha ses mots, les yeux mi-clos et poursuivit :

— Il n'est pas, dans notre pays de Bretagne, un usinier, un négociant, ni même un politique qui puisse aller contre les volontés du comte de Montmoreau. Il tient la presse, donc l'opinion publique ; il tient la banque, donc la finance. Avec ces deux puissants leviers, il a les politiques - dont il fait d'ailleurs partie - dans le creux de sa main.

Le petit boiteux tendait devant lui sa main ouverte, il la ferma comme pour broyer quelque chose d'invisible et resta un instant silencieux. Puis il reprit :

— Que tu le veuilles ou non, c'est la finance qui mène le monde. Par fierté mal placée, tu t'es mis sur une liste noire et tu n'es pas près de trouver du travail.

François regimba :

— S'il le faut, je retournerai à la pêche.

— Humph ! fit Pérennec. À la pêche ! Le problème restera le même. Si Montmoreau ordonne de ne pas acheter le poisson du bateau qui t'embarquera, que fera le patron, à ton avis ?

— Nom de Dieu ! gronda François, j'aurais dû lui casser la gueule !

— C'est ça, dit Pérennec agacé, et tu serais en prison à l'heure qu'il est. Tu crois peut-être qu'on peut casser impunément la figure au comte de Montmoreau ?

François remarqua qu'il n'avait pas dit « gueule », mais « figure ». Les Montmoreau n'avaient pas de gueule pour les Pérennec !

Il demanda, accablé :

— Alors, qu'est-ce que je fais, moi ?

Le contremaître inspira fortement en faisant plisser les ailes de son nez, comme pour faire passer ce qu'il allait dire.

— Il n'est peut-être pas trop tard pour présenter tes excuses…

La réaction qu'il avait crainte ne se fit pas attendre. François Carval se leva d'un bond.

— M'excuser, moi ? rugit-il si fort que les femmes s'arrêtèrent un instant de travailler et que leurs regards se tournèrent vers le petit bureau du contremaître. M'excuser auprès de ce gros cochon ?

— Ne crie pas comme ça ! ordonna Pérennec, fâché, et modère tes paroles. On pourrait t'entendre.

Il regardait autour de lui d'un air inquiet.

— Ce n'est qu'un conseil que je te donnais, poursuivit-il. Maintenant, si tu ne veux pas le suivre, libre à toi…

— Plutôt crever! gronda François d'une voix sourde.

Et il répéta entre ses dents en se rasseyant:

— Plutôt crever!

Pérennec eut un geste d'impuissance:

— Ah, jeunesse! Jeunesse impétueuse, jeunesse intransigeante...

— Je ne suis pas si jeune! protesta François.

— Ah non? dit Pérennec ironique, peux-tu me dire ton âge?

— Je suis né en quatre-vingt-douze.

— En quatre-vingt-douze, répéta Pérennec. Tu as donc vingt-sept ans.

— Non, Monsieur!

— Comment ça, non? demanda Pérennec surpris. Je sais compter, tout de même!

— Vous oubliez 1915, 1916, 1917, 1918... Vous oubliez ces quatre années terribles dont chacune valait dix années ordinaires. Alors moi je vous dis: quatre fois dix, quarante. Quarante et vingt-sept... Ça fait combien quarante et vingt-sept?

Monsieur Pérennec secoua la tête, agacé.

— Je ne te suis pas sur ce chemin, François Carval, tu es un raisonneur et je ne discute pas avec les raisonneurs!

— C'est plus facile comme ça, dit François amer.

Monsieur Pérennec fit celui qui n'avait rien entendu:

— Si j'étais toi, je partirais, dit-il.

— Partir?

François Carval venait d'arriver dans son pays et déjà on le pressait de partir!

— Oui, je partirais. Oh, pas bien loin, aux Sables

d'Olonne, à La Rochelle, là où on ne connaît pas ton histoire.

— Et qui vous dit que ce maudit Montmoreau ne me poursuivrait pas jusque là ? Elles ont de la rancune, ces bêtes-là !

— C'est une chance à courir, dit Pérennec, ici, tu es grillé !

Grillé ? Le mot fit bondir François Carval. Il regarda, à travers la vitre sale du bureau, ces sardines que les femmes mettaient en boîte. Grillé ? Comme un de ces poissonnets bientôt scellés dans leur cercueil de fer blanc ? Il se leva d'un bond, faisant sursauter Monsieur Pérennec, et tapa du poing sur la table ce qui fit sauter l'encrier, en rugissant :

— Eh bien non je ne partirai pas ! Je n'ai pas tourné le dos devant les Boches et ce n'est pas ce gros plein de soupe de Montmoreau qui fera de François Carval un déserteur.

Il redonna du poing sur la table, faisant de nouveau sauter l'encrier que Monsieur Pérennec jugea prudent de placer sur une étagère.

— Je reste, Monsieur !

Le contremaître, effaré par cette véhémence, eut un geste de recul.

— À ton gré, mon garçon, à ton gré, bougonna-t-il en prenant sa pipe en main pour en braquer le tuyau vers François. Mais je t'aurai prévenu, tu sais ce qui t'attend !

François se dirigea vers la sortie du bureau et, s'arrêtant sur le seuil, regarda le vieil homme qui avait l'air sérieusement chagrin.

— Je m'excuse d'avoir élevé la voix, Monsieur Pérennec, dit-il d'une voix contrite. Je ne vous en veux pas. Je sais que, s'il n'avait tenu qu'à vous, j'aurais eu cette place.

— Sans aucun doute, mon garçon, dit Pérennec tristement, et crois-moi, ça m'aurait tiré une rude épine du pied ! Mais je ne suis pas le maître…

Il prit la main de François à deux mains, la serra.

— Bonne chance, François Carval, lança-t-il avec conviction, bonne chance ! Tu en auras besoin, mon garçon.

François quitta l'usine l'air soucieux et même l'œillade appuyée que la jolie friteuse de sardines lui adressa ne put le dérider.

Il rejoignit Menez Groaz par la sente qui bordait la dune en ruminant ses préoccupations. Il ne remarquait même plus cette senteur de dune faite de sable mouillé, de pluie, d'armoise, de ravenelles sauvages et de mélisse qui, d'ordinaire, le ravissait. Il en oubliait d'admirer la chevelure blonde des touffes d'oyats ondulant sous le vent.

Une rage féroce l'habitait. Il n'obtiendrait pas cette place de mécanicien qui lui aurait été comme un gant dans l'usine où travaillait la jolie friteuse. C'en était bien fini. Et à la pêche, si Montmoreau s'y opposait on ne le prendrait pas non plus. D'ailleurs, avec son poumon sérieusement endommagé, c'était un métier désormais trop dur pour lui.

Pérennec l'avait prévenu, Montmoreau était une pieuvre. S'il faisait pression sur les mareyeurs, lequel d'entre eux achèterait le poisson d'un patron qui aurait le banni sur son rôle ?

— Il veut me faire crever, ce salaud, soliloquait François tout en marchant, entretenant ainsi sa colère. Mais moi on ne me fera pas crever comme ça !

Lorsqu'il arriva à Menez Groaz, il n'y avait personne. Mammig était probablement partie « donner la main » pour quelque corvée chez une voisine.

En l'attendant, François prit une tranche de lard et un morceau de pain noir et, tout en mastiquant son casse-croûte, il se mit à penser à la scène qu'il avait vue la veille au débarquement du poisson, ces charrettes chargées de caisses qui dévalaient vers Quimper pour attraper le train.

Une idée le fit se lever brusquement, il courut à son grenier, prit son porte-monnaie dissimulé derrière la pile de vieux filets et il redescendit faire l'état de ses finances. Il contenait toute sa fortune : dix-huit mille francs, correspondant à sa prime de démobilisation et aux économies faites depuis qu'il travaillait chez Montmoreau.

Si Mammig avait aperçu ce tas de billets sur sa table, elle en aurait eu une attaque. Jamais de sa vie elle n'avait vu tant d'argent.

Cependant François savait que, lorsqu'on ne travaille pas, l'argent file vite. Il était maintenant persuadé que personne ne lui donnerait de travail. Son calme retrouvé, il lui avait fallu admettre les raisons de Monsieur Pérennec. Car Monsieur Pérennec avait raison.

Donc, il lui faudrait ou s'exiler, ce que, nous avons vu, il refusait d'envisager, ou se mettre à son compte sans rien demander à personne.

C'est vers cette deuxième solution qu'il se dirigea. Seulement, que faire ? Eh bien, il avait imaginé ce à quoi il pourrait s'employer. Une charrette qui transportait le poisson à la gare de Quimper pouvait charger vingt-cinq paniers ou quinze caisses. Un camion tel que ceux qu'il avait vus sur le front pouvait en charger dix fois autant.

Le prix du transport était de 0,30 franc par panier et de 0,70 franc par caisse. Pour s'attacher une clientèle, François pourrait donc baisser les prix. Personne n'est insensible à ces arguments-là. Surtout en pays bigouden.

Et ce maudit Montmoreau ne pourrait rien y faire. François se frotta les mains. Un camion ! Voilà la solution ! Restait à le trouver, ce camion. Pour ça, il avait sa petite idée.

Chapitre 12

Le lendemain, il prit place dans une de ces charrettes qui transportaient la marée à la gare de Quimper et il put assister, et de près, à la course insensée que menaient ces attelages sur la route pierreuse. Vingt fois ils avaient manqué de verser au fossé. Un troupeau de vaches les avait retardés. Le cocher l'avait dégagé sauvagement, à grands coups de son long fouet, au grand dam de la petite vachère qui mettrait longtemps à regrouper ses bêtes.

Et, pour traverser la ville de Quimper, les charrettes ne ralentissaient guère, terrorisant les passants qui s'enfuyaient comme devant une armée d'invasion, en entendant le fracas des roues ferrées sur les pavés.

Ces meneurs d'attelage étaient des brutes sans foi ni loi qui fouettaient leurs chevaux avec fureur, jusqu'à les rendre fous de douleur et les crever à la tâche.

Dix fois François avait pensé perdre la vie dans cette course insensée. Et le fol qui menait l'attelage, ivre de cidre et de lambig*, s'amusant de voir son passager se cramponner des deux mains à son siège, flagellait ses bêtes de plus belle.

Pour payer le voyage François avait aidé à charger les caisses au port, puis à les décharger à la gare.

* *Eau de vie de cidre.*

Enfin, il avait offert le coup de l'étrier à son cocher et prit le train pour Brest en se jurant bien de ne jamais plus remonter sur un tel attelage.

***

De son temps dans la Marine nationale il avait gardé des amitiés fidèles et le plus fidèle de ces fidèles se nommait Louis Pouliquen, un camarade qu'il avait sauvé de la noyade lors du naufrage du *Triomphant*.

Louis Pouliquen était un gars du Léon, dur à la tâche, mais qui nageait mal, raison pour laquelle il devait la vie à François Carval qui, lui, nageait comme un poisson. Celui-ci l'avait soutenu alors qu'ils pataugeaient dans l'eau froide de la Manche parmi les débris de leur bateau torpillé par un sous-marin allemand. À présent Louis Pouliquen, promu au feu maître-principal, était affecté au dépôt des matériels de la Marine à Brest.

François dut marcher longtemps avant de parvenir au dépôt des matériels qui était de l'autre côté de la Penfeld. Il se revoyait, jeune mousse, arrivant à Brest quelques années auparavant pour signer son contrat d'engagement. Il s'en était passé des choses depuis ce temps ! De ceux de sa classe, combien vivaient encore ? Bien peu, sûrement. Les U-boots* et les mines avaient envoyé tant de navires par le fond !

Le paysage était lugubre. Derrière de hautes grilles s'entassaient des matériels réformés qu'on avait transportés là après la guerre et qui pleuraient leur rouille sous la pluie.

La pluie, la fameuse pluie de Brest, tombait sans discontinuer d'un ciel bas et plombé qui paraissait

* *Sous-marins allemands.*

toucher la terre vers Daoulas, de l'autre côté de la rade. Les passants étaient rares, les collines pelées exsudaient la tristesse de cet après-massacre.

Les reliques de ce qui avait été la Grande Guerre s'entassaient derrière les grilles. On devinait des canons déchiquetés, aux roues cassées, des ambulances hippomobiles qui avaient été mitraillées malgré leurs croix rouges et d'autres amoncellements de ferrailles rouillées qui avaient été probablement du matériel de guerre mais qu'on ne pouvait plus identifier.

Combien de pauvres gars avaient trouvé une mort affreuse dans un conflit auquel ils n'avaient rien compris ? On les avait abreuvés de haine contre d'autres pauvres types qui avaient le défaut de ne pas parler la même langue qu'eux.

François Carval sentit un gros coup de cafard le gagner. La pluie fine qui continuait de tomber obstinément avait un avantage : on ne voyait pas les larmes qui coulaient sur ses joues. Il ne sentait même pas l'eau froide qui lui coulait dans le cou.

Il avait presque oublié ce passé tragique, pourtant si récent, et tout à coup ce cimetière des matériels lui balançait l'horreur en pleine gueule et lui poignait le cœur.

Le ciel bas, l'horizon bouché, ne poussaient pas à l'optimisme, les longs bateaux gris mouillés en rade avivaient son cafard.

Et pourtant… C'est peut-être de ces misérables vestiges que viendrait son salut.

Il passa la grille d'entrée de l'arsenal sans qu'on lui demande ce qu'il faisait là.

Comme tout avait changé ! Il se souvenait du temps de ses classes, avant la guerre. À cette même grille, un maître en uniforme impeccable commandait les entrées et deux fusiliers-marins, l'arme au pied, campaient martialement de chaque côté des gros piliers de pierre.

Il fallait alors montrer son ordre de mission avant de franchir le seuil de cet immense domaine où se construisaient les vaisseaux de guerre.

La guérite était maintenant abandonnée, la grille grande ouverte.

François dut même solliciter des sentinelles, qui s'abritaient du crachin dans une cabane de tôle, les renseignements qui lui permettraient de trouver le maître-principal Pouliquen.

Un des matelots, sans s'inquiéter de ce qu'il voulait, lui indiqua le fond du dépôt où le maître-principal avait ses quartiers.

François repartit sous la pluie en glissant dans une boue grasse. Çà et là de larges flaques d'eau sale stagnaient, irisées par des résidus de pétrole.

Le maître-principal Pouliquen avait la garde et le contrôle de ce bric-à-brac qui repartait, petit à petit, vers les hauts fourneaux de l'Est.

Louis Pouliquen était un grand gaillard osseux, à la mine austère comme le sont souvent les hommes du Léon. Son environnement n'avait rien qui puisse le sortir des humeurs moroses qui lui étaient coutumières. Et pourtant la venue de son camarade sembla le dérider un instant. Un semblant de sourire éclaira son visage morose, furtif comme un rai de soleil qui perce les nues les plus sombres.

Après avoir serré chaleureusement les mains de son ami, Louis Pouliquen l'entraîna vers un baraquement qui lui servait à la fois de bureau et de logement. Il lui tendit un chiffon grisâtre en guise de serviette pour s'essuyer les cheveux et le visage.

François ôta sa vareuse de toile détrempée et l'étendit sur le dossier d'une chaise que Pouliquen plaça près d'un poêle à bois qui dégageait un semblant de chaleur.

— Tu vois comme on est bien logé dans la Royale? dit-il avec dérision.

Le plancher du baraquement ployait en geignant sous leurs pas et, à certains endroits, il était pourri au point qu'on voyait les poutres noires qui le soutenaient. Des traces de ruissellement marquaient les cloisons de planches, ça sentait le moisi, la ruine, la misère, la désolation.

Louis Pouliquen avait installé son lit de camp au plus près du feu.

— On ne répare pas? demanda François.

— Penses-tu! Quand les ferrailles seront dégagées, ce baraquement sera rasé et la Marine y fera autre chose.

Il eut un geste désabusé de la main:

— Pff, pour alors j'aurai la quille!

Il sortit une bouteille de vin rouge d'un placard et proposa:

— On boit un coup?

— C'est pas de refus, dit François.

L'épais picrate violet coula dans les verres et ils trinquèrent à leur jeune temps, avant la guerre, quand la Marine française ressemblait encore à quelque chose.

Puis ils restèrent silencieux, chacun plongé dans ses pensées moroses.

Pouliquen s'ébroua, sortant de ses rêves comme on sort de l'eau.

— Quel bon vent t'amène? demanda-t-il enfin à François.

Son air morose démentait l'illusion de quelque bon vent à venir.

Il ajouta:

— Je croyais que tu avais trouvé un boulot tout ce qu'il y a de pépère comme chauffeur chez un gros bonnet de la capitale.

— Je croyais aussi, dit François.

Pouliquen fronça les sourcils:

— Tu croyais aussi quoi?

— Je croyais aussi que c'était un boulot tout ce qu'il y a de pépère.

— Et ce n'était pas le cas?

— Non, dit François sobrement.

— Alors, qu'est-ce que tu fais maintenant? Tu es retourné à la pêche?

François haussa les épaules:

— Avec mon poumon mité? Tu veux rire!

Visiblement, Pouliquen n'avait pas le cœur à rire.

François se pencha en avant vers son copain, le verre à la main:

— Et toi, qu'est-ce que tu feras quand tu auras la quille?

— Je retournerai au pays, dit Pouliquen. La mère a trois bouts de champ, peut-être que je ferai la culture.

Il avait dit ça d'un air si désabusé que François se mit à rire.

— Ça a vraiment l'air de te plaire!

— Faudra bien faire quelque chose, dit Pouliquen. Je suis un paysan, moi, égaré dans la Marine, mais un paysan tout de même. Que veux-tu que je fasse?

J'aurai un toit, et ma pension… Et puis la mère sera contente que je revienne. Depuis que le père est mort…

— Ouais, dit François. Moi j'ai eu une autre idée: je vais me mettre à mon compte.

— Ah… fit Pouliquen vaguement intéressé en remplissant les verres.

— Mais pour ça, dit François, j'ai besoin d'un camion.

— Un camion, dit Pouliquen en reculant, mais c'est que ça coûte cher, un camion!

— Rassure-toi, je ne suis pas venu te taper, dit François, mais tu es dans une grande ville, dans le matériel, tu dois bien connaître quelqu'un qui aurait un camion à vendre. Un camion de rencontre quoi, quelque chose de pas trop cher, ça n'a pas besoin d'être trop beau.

— Qu'est-ce que tu veux faire avec?

— Transporter le poisson pour les mareyeurs.

Et il raconta à son ami la manière dont ces transports étaient effectués jusqu'alors, les charrettes lancées à fond de train sur le mauvais chemin, le peu de volume qu'elles pouvaient emporter…

— Avec un camion, conclut-il, je pourrais charger dix fois plus… Et tu sais, si jamais il n'était pas en bon état, je pourrais le remettre d'aplomb.

— C'est pas bête, ton idée, dit Pouliquen, c'est pas bête…

Il réfléchissait à la manière dont il pourrait aider son camarade. Soudain, il lui prit le poignet:

— J'ai une idée, les ambulances…

— Quelles ambulances?

— Celles qui sont venues avec les Américains!

— Ils ne les ont pas remportées?

— Penses-tu! Il leur faut du neuf, à ces gaillards-là!

Il fit la moue:

— Et, entre nous, ajouta-t-il, elles en ont vu de rudes celles qui sont là. Certaines ont été mitraillées par les avions boches, d'autres ont sauté sur des mines, se sont renversées... Mais qui sait, peut-être qu'avec plusieurs épaves tu pourrais en faire une qui marche?

François s'était levé à demi, les poings appuyés sur la table ; il sentait monter en lui un formidable espoir:

— Bon Dieu, dit-il, fais-moi voir ça!

Pouliquen tenta de tempérer l'enthousiasme qu'il lisait dans les yeux de son copain.

— T'emballe pas! Je ne suis pas sûr que tu y arriveras. Elles sont dans un drôle d'état, tu vas voir.

Il vida son verre, le posa sur la table et se leva:

— Viens!

François le suivit. La pluie avait cessé de tomber mais l'air restait saturé d'eau. Ils traversèrent une cour boueuse, passèrent sans mot dire entre des collines de ferraille dans lesquelles, ici et là, on apercevait des impacts de balles, d'obus ou des traces d'incendie. Certaines tôles étaient déchiquetées par des explosions et on se demandait de quels drames ces ferrailles mortes avaient été les témoins. François avait l'impression de commettre un sacrilège, de profaner quelque sanctuaire dédié au dieu de la guerre et à ses victimes.

Les véhicules étaient entreposés près d'un hangar ouvert à tous vents et, comme l'avait dit Pouliquen, il n'y avait pas de quoi s'enthousiasmer.

Pourtant François les examina avec soin et déclara que ce serait bien le diable s'il n'arrivait pas à reconstituer un véhicule présentable en prélevant les pièces sur ces épaves vouées à la casse.

— Comment va-t-on faire? demanda-t-il à son ami.

— Ça, dit Pouliquen, c'est à toi de jouer. Je ne suis pas mécanicien, moi.

— Je sais bien, dit François, mais je veux dire, administrativement, je ne peux tout de même pas embarquer un camion sans avoir les pièces justificatives!

— Je te ferai un bon, assura le maître-principal. Il y a des forgerons de toute la région qui viennent ici chercher des tôles, des longerons de ferraille. Alors je pèse la marchandise et je leur fais un bon. Tant de kilos, tel prix. Ils passent payer à l'intendance. Pour ton camion, je ferai pareil. Tu payeras deux ou trois tonnes de ferraille et le tour sera joué.

— Mais il y a bien des papiers, pour ces camions. Tu comprends - il pensait aux chausse-trappes que ce Montmoreau de malheur ne manquerait pas de lui tendre - il faut que je sois en règle.

— Tu le seras, assura Pouliquen. L'intendance a vendu tous les véhicules qui pouvaient rouler, le reste c'est du rebut. J'irai avec toi, je connais bien le caissier, pour deux litres de vin de plus, tu auras une carte de circulation parfaitement réglementaire.

Il cligna de l'œil, complice.

— Et, pour travailler, tu pourras t'installer sous le hangar, tu verras, il y a tous les outils qu'il faut.

— Tu n'auras pas d'ennuis?

— Pourquoi en aurais-je?

— Parce qu'un civil qui travaille dans cette enceinte militaire…

— Tu n'es pas un vrai civil, dit Pouliquen, tu as fait si longtemps partie de la maison… Je te trouverai des bleus de mécano, ne t'en fais pas!

Et, comme il sentait son copain mal convaincu, il ajouta:

— Qui s'en étonnera? Il ne vient jamais personne hormis deux « sans spé »* qui sont censés m'aider et qui restent jouer aux cartes dans ma baraque avant de retourner passer la nuit au dépôt des équipages. Je te dis, il n'y a aucun risque.

Et, voyant l'œil de François qui brillait, il tempéra son enthousiasme.

— Ça ne va pas être du gâteau, mon matelot! Toutes ces mécaniques sont sous la flotte depuis deux ans. Non, ça ne va pas être du gâteau.

***

Comme l'avait prévu Louis Pouliquen, ce ne fut pas du gâteau. Mais les deux sans spé se prirent au jeu et vinrent prêter main-forte à François pour meubler leur ennui.

C'étaient deux braves gars de la campagne, égarés dans la Marine, et qui faisaient leur temps en attendant impatiemment leur retour à la vie civile.

Louis Pouliquen avait procuré une vieille tenue de la Marine nationale à son ami, si bien qu'il ne différait en rien des deux autres matelots. Par ailleurs François n'avait pas eu à faire d'effort pour passer pour un marin de l'État. Ne l'avait-il pas été pendant des années?

* *Matelot sans spécialité, le plus bas grade dans la Marine.*

Et puis, les gradés ne se bousculaient pas pour venir inspecter ce cimetière de matériel réformé.

Au bout de la semaine, François avait posé un moteur en parfait état sur un châssis dont la cabine avait été mitraillée. Il y avait encore de sinistres traces brunâtres autour du volant et sur le tableau de bord. Il trouva un second moteur en bon état qu'il chargea dans la caisse du camion, quelques roues à bandages pleins, des bâches kaki marquées de grandes croix rouges sur fond blanc.

Louis Pouliquen et ses aides étaient surtout censés rechercher des munitions dans les ferrailles qu'ils renvoyaient à la fonderie.

— Tu comprends, dit-il à François, ça ferait du joli si on foutait des obus non explosés dans les hauts fourneaux !

François s'étonna :

— Tu en trouves souvent ?

— Des obus, non, reconnut Pouliquen, mais des armes, ça arrive.

— Qu'est-ce que tu en fais ?

— Je les mets de côté.

— Qu'est-ce que tu comptes en faire ?

— Je suis censé les déposer à l'armurerie.

François flaira quelque chose :

— Tu es censé ? demanda-t-il.

— Ouais, dit Pouliquen en baissant la voix. Mais comme tout le monde s'en fiche…

— Tu les gardes ?

— Certaines. Il y a de chouettes revolvers. Paraît qu'il y a des types qui les collectionnent et que ça vaut du fric.

— C'est jouer avec le feu, dit François.

— Pff! fit son copain d'un air désenchanté, tout le monde s'en fiche, je te dis.

Le soir, il souleva quelques planches sous son lit de camp, découvrant une cache parfaitement aménagée. Braquant sa lampe-tempête vers la cavité, il dit à François :

— Regarde !

Posés sur une nappe cirée, il y avait une douzaine de revolvers paraissant en parfait état, un tas de cartouches et une collection de baïonnettes de diverses provenances : françaises, allemandes, anglaises.

François ironisa, impressionné malgré tout :

— Pas de fusils ? Pas de mitrailleuses ? De grenades ?

— Trop encombrant, dit Pouliquen en refermant soigneusement sa cache. Celles-là je les donne à l'armurerie. Qu'est-ce que je ferais d'une mitrailleuse ?

François eut envie de lui demander ce qu'il comptait faire des baïonnettes, des balles et des autres armes. Pour sa part, il en avait vu assez, de ces engins de mort. Désormais il préférait s'occuper de la mécanique.

Louis Pouliquen repoussa son lit au-dessus de la cache et François retourna à son camion. Le moment était venu de voir s'il allait démarrer.

Il lui fallut longtemps s'échiner sur la manivelle, relayé par les sans spé. Enfin le moteur finit par faire entendre un sourd grondement tandis qu'une fumée blanche sortait par l'échappement. L'équipe applaudit. François y alla de sa tournée, les gars l'avaient bien méritée.

L'affaire fut aisément réglée avec l'intendance aux conditions que Pouliquen avait prévues.

Officiellement François s'était rendu acquéreur de deux tonnes de ferraille pour la somme de sept cent cinquante francs et, pour les deux litres de vin promis, il eut en sus la carte de circulation d'un « véhicule sanitaire de réforme ».

Il reprit la route de Quimper plus fier qu'Artaban, à quarante à l'heure dans les descentes, ce qui le changeait bien de l'Hispano-Suiza du comte de Montmoreau avec laquelle on avalait la route comme sur un nuage.

Il s'arrêta à la préfecture de Quimper pour régulariser ses documents, ce qui fut fait sans aucune difficulté dès qu'il eut payé les timbres fiscaux afférents.

C'est donc un véhicule parfaitement en règle qui s'arrêta un soir de mai derrière la maison de Mammig, au hameau de Menez Groaz.

Dire que Mammig fut surprise serait peu. Elle fut surtout effrayée par ce monstre pétaradant au volant duquel son fils paraissait si fier. Bientôt tout le hameau fut en train de tourner autour de cette prodigieuse innovation, certains allant même jusqu'à oser la toucher d'une main tremblante.

Quant à François, le roi n'était pas son cousin !

Dès le lendemain, il entreprit la tournée des mareyeurs de la place afin de leur proposer ses services pour transporter leurs marchandises jusqu'à la gare de Quimper.

Ceux-ci furent surpris, étonnés puis intéressés par le gain de temps, et d'argent, que ce nouveau modèle de transport induisait.

Les bâches kaki portant les croix rouges avaient été retournées et elles portaient maintenant une nouvelle inscription :

François Carval
Transports Rapides.

Certes, l'écriture était un peu gauche et il y avait des coulures. Mais au moins on savait à qui on avait affaire.

Les cochers, lorsqu'ils virent l'étrange équipage, commencèrent par en rire et par se moquer. Mais leur rire vira au jaune lorsqu'ils s'aperçurent de la quantité de caisses que le camion pouvait charger. De surcroît, le poisson arrivait à la gare de Quimper avec une avance considérable sur les charrettes.

Chapitre 13

Lorsque cette nouvelle parvint aux oreilles du comte de Montmoreau, elle ne lui fit pas plaisir.

Il était resté finir l'été chez son ami le marquis de Soulange car il voulait voir comment se développait cette nouvelle industrie de conserve de poissons afin, le cas échéant, d'y placer quelques capitaux.

Comme c'était un homme de rancune, il se tenait également au courant des faits et gestes de son ancien chauffeur.

Il avait fait venir de Paris un remplaçant qui se prénommait Julien et l'Hispano-Suiza faisait de fréquentes apparitions sur les quais du Guilvinec.

Un soir, au retour d'une tournée sur le port, le comte retint son nouveau chauffeur :

— Julien, que savez-vous de ces cochers qui transportent le poisson à Quimper ?

Le chauffeur, un petit bonhomme rondouillard, aux moustaches avantageuses, venait de Bourgogne et il s'y connaissait infiniment mieux en vins qu'en affaires de poisson.

— Peu de choses, Monsieur le Comte, dit-il avec un fort accent propre à sa région, ce sont des gens bien farouches.

— Des sauvages, voulez-vous dire, fit Montmoreau avec mépris. Qu'importe, tâchez donc de savoir où ces cochers se réunissent, Julien. Et voyez aussi qui est leur chef.

— Leur chef? répéta le chauffeur surpris. En ont-ils un, Monsieur le Comte? Je n'en ai jamais entendu parler!

— C'est parce que vous n'avez pas bien écouté, Julien.

Pour toute réponse, Julien fit la moue. Il aurait beau tendre l'oreille, comme le lui conseillait Monsieur le Comte, il ne comprendrait par un traître mot au langage barbare dont usaient ces primitifs. Montmoreau contemplait son chauffeur avec agacement. En attendant d'avoir une livrée taillée à ses mensurations, le nouveau chauffeur avait hérité des dépouilles de François Carval. Or celui-ci faisait bien une tête de plus que lui et n'arborait pas ce ventre de notaire qui l'empêchait de boutonner son cache-poussière.

— Allons, dit-il avec humeur, dans toute corporation il y a toujours une personnalité qui se détache, un meneur… Vous voyez ce que je veux dire?

— Un meneur? dit Julien. Je vais voir, Monsieur le Comte.

— C'est ça, voyez, mon ami, et vite!

Le chauffeur grimaça. Il était entré au service de Montmoreau pour conduire sa voiture, pas comme agent secret. Néanmoins il ne pouvait certes pas répondre cela au comte. Un ordre avait été donné. Il faudrait bien l'exécuter.

Pendant quelque temps on vit donc le chauffeur du comte traîner dans les bistrots où les cochers se retrouvaient en attendant l'arrivée de la marée.

Ses leggings de cuir bien cirés, sa livrée toujours impeccable encore que mal ajustée, détonnait avec les hardes de misère des pauvres hères qui hantaient ces estaminets. Et, comme tout le monde parlait breton, il ne comprenait rien de ce qui se racontait autour des tournées de cidre.

De plus, dès qu'il parlait, son accent bourguignon qui roulait si bien les « r » faisait rire et déclenchait des plaisanteries qui le fâchaient. Cependant, le rapport de forces n'étant pas en sa faveur, il devait ravaler sa bile et se contenter de rire aussi, mais de rire jaune.

Et puis, il ne savait pas boire ce cidre amer dont les cochers se délectaient. Il était d'un pays de bon vin, et la piquette qu'on lui servait là lui occasionnait des dérangements intérieurs qui le contraignaient à des fuites précipitées vers le fond du jardin en se tenant le ventre, ce qui divertissait fort les habitués de ces bouges.

Le plus cruel de ses tourmenteurs était une sorte de géant que les autres cochers appelaient Tin Pape.

Ne voulant pas prolonger l'expérience et s'estimant suffisamment instruit pour informer son maître, il fit, au garde-à-vous et la casquette à la main, un rapport sans concessions au comte de Montmoreau.

— Il semble, Monsieur le Comte, que la personnalité la plus marquante de cette assemblée d'ivrognes soit un dénommé Corentin Le Pape, que les autres appellent Tin Pape avec une sorte de déférence. Il s'agit d'une sorte de géant qui exerce un ascendant certain sur ses confrères.

— Corentin Le Pape, dites-vous ?

— Oui, Monsieur le Comte. Ce n'est pas un gaillard commode, vous pouvez m'en croire.

— Où peut-on le rencontrer ? demanda le comte.

— Si je peux me permettre, je ne conseille pas à Monsieur d'aller se commettre dans les lieux où se rassemblent ces gens.

Le comte de Montmoreau haussa les épaules :

— Est-il question de ça, Julien ? Vous irez quérir cet individu et vous me l'amènerez à l'usine Chancerelle.

— À l'usine Chancerelle, Monsieur ? fit le chauffeur surpris.

— Vous m'avez entendu !

Julien se le tint pour dit.

— Quand ça, Monsieur le Comte ?

— Mais tout de suite, mon ami.

Cette conversation avait lieu au château de Langoz, en Loctudy, et il fallait une bonne demi-heure pour aller de Loctudy au Guilvinec.

— Vous allez me conduire à l'usine Chancerelle, au Guilvinec, puis vous vous mettrez en quête de ce Corentin Le Pape… C'est bien ça ?

— C'est bien ça, Monsieur le Comte.

— Vous l'inviterez à venir à l'usine Chancerelle.

— Sous quel motif, Monsieur le Comte ?

— Vous lui direz que c'est pour affaires.

— Pour affaires ? Bien, Monsieur le Comte.

Lorsque l'Hispano-Suiza s'arrêta dans la cour de l'usine, elle fit grosse impression. Monsieur Pérennec, le béret basque en bataille, vint au-devant de son visiteur.

— Monsieur le Comte…

Il se découvrit respectueusement, laissant apparaître une calvitie luisante sous le soleil.

— Vous êtes le responsable de cet établissement ? demanda le comte d'une voix sèche.

— Oui Monsieur le Comte.

— Quel est votre nom ?

— Louis Pérennec, pour vous servir, Monsieur le Comte.

— Parfait, Monsieur Pérennec, j'ai un service à vous demander…

Pérennec salua. Il entendait, avec déplaisir, ses ouvrières ricaner dans l'atelier. Sa servilité le dégoûtait, mais il avait une patte plus courte que l'autre et quatre enfants à charge…

— Je suis votre serviteur, dit-il, le béret à la main et la tête basse.

— Vous avez bien un bureau dans cet établissement ? demanda le comte.

— Un bureau ? C'est beaucoup dire, Monsieur le Comte. Un local isolé de l'atelier…

— Y a-t-il une porte ? demanda le comte.

— Oui, Monsieur le Comte.

— Et une fenêtre…

— Une sorte de baie vitrée, Monsieur le Comte.

— Enfin, ça se ferme ?

— Bien sûr, Monsieur le Comte. Certaines affaires ont besoin de discrétion et…

— Montrez-moi ça ! ordonna Montmoreau d'un ton qui n'admettait pas de réplique.

Pérennec s'empressa et le comte le suivit, drapé dans sa morgue, au travers de l'atelier, sous les gloussements des filles auxquelles le contremaître adressa un regard noir. Le comte de Montmoreau les ignora superbement. Pour lui, elles n'existaient même pas.

Puis Pérennec ouvrit la porte de son local et s'effaça devant le comte en s'excusant :

— Ce n'est pas très grand, Monsieur le Comte.

— Ça ira très bien pour ce que j'ai à y faire, dit le comte en s'installant d'autorité derrière la table sur laquelle Pérennec faisait ses écritures.

Il condescendit tout de même à donner quelques explications au contremaître :

— Voyez-vous mon ami, je dois m'entretenir avec un individu dont on m'a dit qu'il n'était guère recommandable.

Pérennec n'osa pas demander de qui il s'agissait. Il hocha la tête en homme qui comprend.

— Comme je n'ai pas de local où recevoir cet individu, j'ai pris la liberté de venir vous demander l'hospitalité. Rassurez-vous, ça ne durera pas longtemps. Monsieur Gaston est de mes amis, je ne manquerai pas de lui faire part de votre bon vouloir et de votre grande obligeance.

Pérennec salua de nouveau puis sortit à reculons. Le comte fit alors signe à son chauffeur d'aller chercher Corentin Le Pape.

***

Julien se rendit donc à l'estaminet où, selon leur habitude, les cochers se réunissaient en attendant l'heure de l'arrivée de la pêche. C'était une masure misérable tenue par une maritorne en coiffe qui le contemplait d'un œil torve derrière le comptoir bas.

— Je voudrais voir Corentin Le Pape, dit le petit chauffeur.

Sans mot dire, d'un geste du menton, la tenancière montra un groupe dans le fond de la salle. Le cocher, qui était attablé avec quatre ou cinq de ses confrères devant un cruchon de cidre, se dressa de toute sa hauteur. Sous les poutres basses de l'estaminet, il était vraiment impressionnant. Le chauffeur s'approcha et demanda d'une voix mal assurée :

— Monsieur Le Pape, pourrais-je vous dire deux mots ?

Le front bas de Le Pape se plissa :

— Quoi ?

Il n'entendait pas le français aussi bien que le breton, mais il avait fait la guerre et avait appris à s'exprimer dans cette langue. Les mots mirent du temps pour arriver jusqu'à son cerveau, mais lorsqu'il les eut assimilés, il répliqua avec un gros rire :

— Deux, quatre ou six, monsieur le *foerrard**.

L'injure était de taille, Le Pape faisait bien sûr allusion aux effets catastrophiques que produisait le cidre sur les intestins du chauffeur, mais cette épithète s'appliquait le plus souvent aux couards, aux trembleurs, à ceux qui font dans leur culotte à la moindre émotion.

Comme le Bourguignon ignorait les subtilités de l'injure, il n'en fit pas trop de cas, malgré les ricanements des autres cochers.

— En particulier, précisa-t-il.

Le cocher s'appuya des deux poings sur la table de bois tachée de cidre et demanda, le front plissé :

— En quoi ?

— En particulier, répéta Julien d'une voix moins assurée, rien que vous et moi.

Le cocher regarda ses compagnons qui ricanaient toujours et assura :

— J'ai rien à cacher.

— Alors vous pourrez leur répéter ce que je vous ai dit, si ça vous arrange.

* *De* foer *: excrément liquide que les Français appellent diarrhée. Le breton est une langue truculente qui ne recule pas devant les expressions les plus imagées qui sont souvent d'une verdeur redoutable.*

Pressé de sortir de ce bouge qui empestait le cidre aigre, le poisson et le tabac, il fit un mouvement de tête vers la porte du cabaret et le géant, intrigué, après quelques hésitations le suivit.

— Mon maître voudrait vous voir, dit le chauffeur lorsqu'ils furent hors de portée des oreilles indiscrètes.

— Ton maître? répéta Le Pape d'un air méprisant en toisant le chauffeur qu'il dominait de la tête et des épaules. Tu as un maître, toi?

Le chauffeur montra l'Hispano d'un geste de main et demanda:

— Vous ne pensez tout de même pas que c'est à moi?

— Ton maître, c'est Montmoreau, bougonna le géant qui n'avait pas grand mérite à le déduire. En effet, l'Hispano était connue dans toute la région.

— Le comte de Montmoreau, précisa Julien avec componction.

— Pff! fit Le Pape avec mépris pour montrer le peu d'effet que produisait ce titre. Comte ou pas comte… Il veut me voir?

— C'est ce que j'ai eu l'honneur de vous dire.

— Alors il n'a qu'à venir ici!

Et il éclata d'un gros rire en se tournant vers l'intérieur du cabaret. Julien entendit les autres cochers ricaner servilement.

Ils venaient tous des fermes avoisinantes, dans lesquelles ils étaient commis. Ils avaient trouvé dans cet emploi de transporteur une occupation qui leur convenait car ils étaient sans maîtres, désormais.

Plus de grand valet* à leur ordonner « fais ceci, fais cela… » En outre, transporter le poisson rappor-

* *Dans les fermes, le grand valet ou* mevel braz *était une sorte de contremaître qui organisait le travail des domestiques agricoles.*

tait plus que de courir après la charrue de l'aube au couchant pour le compte d'un riche fermier. Ici, leur journée ne commençait guère avant quatre heures de l'après-midi et, le reste du temps, ils pouvaient rester fainéanter et boire à l'estaminet.

C'étaient pour la plupart des hommes frustes et brutaux avec lesquels il était impossible de raisonner. Ils opéraient en meute, comme des loups et, présentement, Corentin Le Pape était le chef de cette meute.

Le chauffeur, qui se tenait toujours dehors, et qui, selon toute apparence, n'entendait pas franchir une nouvelle fois le seuil de ce bouge, fit signe de l'index au colosse d'approcher.

Corentin Le Pape revint vers lui, intrigué.

— Monsieur le Comte de Montmoreau souhaite vous voir seul, chuchota-t-il à l'oreille du cocher.

Et il ajouta :

— C'est pour une affaire d'importance. Il vous attend à l'usine Chancerelle, et il n'aime pas attendre.

— À l'usine Chancerelle ? dit Corentin Le Pape d'une voix rauque.

— Oui, dit le chauffeur. J'ai ordre de vous y conduire.

Il s'approcha de l'Hispano et ouvrit la portière au cocher qui, impressionné, s'installa à l'avant en silence. Le Pape connaissait bien l'usine Chancerelle.

Par deux fois il avait tenté de faire un mauvais parti à François Carval avec une demi-douzaine de cochers qui sortaient ivres d'un bistrot du port. Ils l'avaient poursuivi en faisant claquer leurs grands fouets et ils lui auraient fait subir un triste sort s'il n'avait trouvé à se réfugier dans cette usine.

À cette occasion, monsieur Pérennec avait sauvé la mise à François Carval. Le petit homme était, de par sa fonction, investi d'une autorité qui avait son poids.

L'usine Chancerelle n'utilisait-elle pas les services de ces charroyeurs pour ses transports ?

Les cochers s'étaient retirés en proférant des menaces et en tendant le poing. On se retrouverait, et là…

Cependant, sur les conseils de monsieur Pérennec, Francis Carval ne laissait plus son camion sur le port. Il le garait désormais à Menez Groaz où il était à l'abri d'éventuelles tentatives de sabotage.

***

Monsieur Pérennec connaissait donc Corentin Le Pape. Lorsqu'il le vit débarquer de la voiture du comte, il grimaça. Qu'est-ce que cette visite cachait encore ? Rien de bon, sûrement.

Le bureau, on l'a vu, n'était autre chose qu'une construction de planches juchée sur une plateforme au fond de l'usine. Au travers de ces minces planches, qui tendait l'oreille pouvait tout entendre. Monsieur Pérennec fit mine de sortir, puis rentra dans le bâtiment par une petite porte discrète qui donnait sur les arrières et vint coller son oreille contre les planches. Ainsi il était à moins d'un mètre du comte qui était toujours assis à son bureau.

— Entre, Corentin Le Pape, ordonna le comte.

Le géant, soudain intimidé, regarda autour de lui avec inquiétude.

— N'aie pas peur, reprit le comte.

— Je n'ai pas peur! graillonna Le Pape. Qu'est-ce que vous me voulez?

Montmoreau se fit bonhomme:

— J'ai une affaire à te proposer, annonça-t-il en clignant de l'œil avec une canaillerie complice, une affaire où nous avons des intérêts communs.

Le Pape le regarda d'un air stupide. Quels intérêts un pauvre charretier comme lui pouvait-il avoir en commun avec cet aristocrate qui roulait en Hispano conduite par un chauffeur?

Le comte en vint aux faits:

— Connais-tu François Carval?

— Oui, dit le cocher.

— Est-il de tes amis?

Le cocher secoua sa grosse tête:

— Non.

— Sais-tu qu'il va te ruiner?

— Moi?

— Toi et les autres cochers!

— Avec son camion?

— Tu m'as compris!

— Humph! fit le cocher, son camion transporte plus de caisses que cinq ou six charrettes, mais il n'a qu'un camion, il ne mangera pas tout! Il nous en restera bien assez!

— Tu as raison, Corentin Le Pape, tant qu'il n'aura qu'un camion, il vous en restera bien assez.

Il regarda le cocher et dit après un silence bien mesuré:

— Mais quand il aura deux, trois, cinq camions...

Une lueur rusée passa dans les yeux de cet homme fruste:

— Il ne pourra pas conduire deux camions à la fois!

— Tu as encore raison, Corentin Le Pape, décidément, je vois que je n'ai pas à faire à un imbécile! Mais s'il engage un, deux, trois, cinq chauffeurs!

La réflexion fut lente à se faire sous le crâne épais du cocher qui finit par dire:

— Ça ne se peut pas!

— Comment, ça ne se peut pas? demanda le comte.

— Parce que personne ici ne sait conduire ces machines.

— Ici peut-être, mais ailleurs?

— Ailleurs?

— Oui, ailleurs. François était mon chauffeur, quand il m'a quitté j'en ai trouvé un autre.

Il laissa la brute réfléchir.

— Et c'est ce qu'il va faire, ajouta-t-il. À Paris, ce ne sont pas les chauffeurs qui manquent. C'est comme les cochers ici. Ils se connaissent tous. François m'a servi à Paris, il ne manquera pas de trouver des volontaires pour venir travailler avec lui.

— Mais alors… souffla Le Pape comme s'il entrevoyait la lumière.

— Alors vous n'aurez plus de travail, continua le comte.

— Mais, bredouilla le cocher, on ne peut pas laisser faire ça!

— Voilà, tu m'as compris, Corentin Le Pape. On ne peut pas laisser faire ça! Tout le monde a le droit de gagner son pain, les cochers comme les autres.

— Pour sûr, affirma le cocher avec conviction. Mais qu'est-ce qu'on peut faire?

Le comte se pencha et prit le ton de la confidence:

— Écoute, tu as certainement de bons amis?

— Oui, dit Le Pape.

— Il y a certainement un endroit où on peut barrer la route de Quimper ?

— Oui…

— Mais attention, il ne faudrait pas que l'on vous voie de loin, car Carval se méfierait.

— La route contourne l'étang du Corroarc'h, confia Le Pape d'un air rusé. Il y a un grand virage où on doit ralentir, sans quoi on verse. Il y a des arbres, on ne peut pas voir qui est là.

— Parfait, dit le comte, avec cinq ou six charrettes vous barrez la route et quand Carval arrivera avec son camion, il sera contraint de s'arrêter.

— Oui, dit le cocher dans un souffle, avec un mauvais sourire qui découvrit des dents cariées, jaunies par la chique. Et là…

Et là ce maudit François Carval ne pourrait pas leur échapper. Ils lui infligeraient une bonne correction, et ils détruiraient le camion.

— Je vois que tu m'as compris, fit le comte.

Il posa un billet sur la table :

— Voilà pour vous donner du cœur à l'ouvrage… Il y en aura un autre lorsque ce maudit Carval aura reçu la correction qu'il mérite.

Les yeux brillants, Le Pape ramassa le billet. S'il n'y avait que ça pour faire plaisir au comte… à dire vrai, il l'aurait bien fait pour rien.

Lorsqu'il entendit la porte s'ouvrir et les pas du colosse ébranler les trois marches qui menaient au « bureau », monsieur Pérennec se releva et sortit par la petite porte.

Il avait tout entendu et ça lui faisait froid dans le dos. Ces brutes allaient massacrer François Carval.

Il réfléchissait à ce qu'il convenait de faire lorsque le comte sortit à son tour de l'usine.

— Merci mon ami, dit-il au contremaître avec condescendance.

Julien lui tenait la porte ouverte, la casquette à la main. Montmoreau s'installa dans sa belle voiture et, sortant un gros cigare d'un étui de cuir, il l'alluma à un briquet d'argent, téta voluptueusement une longue bouffée de fumée bleue qu'il souffla les yeux mi-clos avec un air de béatitude absolue.

— Salaud! grommela le contremaître quand la voiture démarra.

Puis il descendit précipitamment vers la cale où les bateaux débarquaient leur pêche.

Chapitre 14

Comme l'avait prévu monsieur Pérennec, le camion de François Carval stationnait sur le terre-plein, en attente du fret à venir.

Le jeune homme attendait paisiblement au volant de son camion.

Pérennec s'approcha et, quand François vit le contremaître de chez Chancerelle, son visage s'éclaira et il descendit de son véhicule pour le saluer.

— Bonjour Monsieur Pérennec, dit-il enjoué. Quel bon vent vous amène ?

Pérennec regarda autour de lui et grommela :

— Bon vent ? Il est plutôt mauvais, le vent !

François, remarquant l'air préoccupé du contremaître, s'exclama :

— Vous avez l'air contrarié, Monsieur Pérennec. Quelque chose qui ne va pas ?

— On peut le dire, fit le contremaître.

Il mâchait ses mots entre ses lèvres mi-closes.

De nouveau, il regarda d'un air soupçonneux autour de lui. Le terre-plein, encombré de charrettes à bras, dormait sous le soleil. Quelques enfants contemplaient le camion avec une admiration mêlée de crainte. De gros goélands somnolaient sur les pierres chaudes de la cale. La mer, par petites vagues successives, remontait dans le port.

— J'ai besoin de te parler, François Carval.

La formule paraissait trop sérieuse pour être prise à la légère.

— Me parler, à moi ? demanda Carval.

— À toi, oui !

— Ah… fit François perplexe. Eh bien, je vous écoute.

— Pas ici, dit le contremaître, j'aime autant qu'on ne nous voie pas ensemble. Je retourne à l'usine, rejoins-moi dans cinq minutes.

François haussa les épaules. Pourquoi toutes ces complications ? Pérennec voulait lui parler, que ne le faisait-il là, tout de suite ? Renonçant à comprendre, il dit :

— Je vous suis.

— Laisse-moi aller devant, dit le contremaître.

Intrigué, François attendit quelques instants et se dirigea vers l'usine. À cette heure, elle était déserte, les ouvrières ayant terminé leur journée. Le ciment du sol était encore humide du lavage à grande eau, et l'air était imprégné d'une odeur écœurante de friture chaude.

Monsieur Pérennec était dans son bureau. François l'y rejoignit.

— Ça va mal ! jeta le contremaître d'emblée.

François le regarda, éberlué. De quoi parlait-on ? Il avait son camion, il transportait le poisson à la gare de Quimper, l'argent commençait à rentrer. Lui, trouvait que les choses allaient plutôt mieux.

Pérennec lui demanda abruptement :

— Dans quel guêpier es-tu encore allé te fourrer, François Carval?

La stupéfaction se peignit sur le visage du jeune homme.

— Moi?

Les affaires ne suivaient-elles pas leur cours normalement?

— Oui, toi!

François tombait des nues. Il assura:

— Je n'ai rien fait!

— Tsss! fit Pérennec agacé, à ton avis, pourquoi ai-je pris la peine d'aller jusqu'au port te chercher?

François, ébahi, ne répondit pas tout de suite. Son regard incompréhensif scrutait le petit contremaître comme s'il allait pouvoir lire en ses yeux ce qui lui était reproché.

N'ayant rien vu venir, il demanda:

— Je ne sais pas, moi… Où est le problème?

Pérennec martela du poing son dessus de table:

— Ton problème s'appelle Montmoreau, mon garçon.

— Montmoreau? répéta François, Montmoreau? Encore Montmoreau? Mais je ne lui dois rien!

— Ce n'est pas ce qu'il pense, dit le contremaître. Tu lui as manqué de respect…

— Je sais, je sais! fit François irrité. Et lui, n'a-t-il pas manqué de respect envers ma mère?

Pérennec hocha la tête, ce garçon ne voulait décidément pas comprendre. Une pauvre paysanne contre un magnat de la finance, de la presse, de plus un monsieur de…

— Grâce à vous, dit François, mon camion est maintenant à l'abri la nuit…

— Ils le savent, dit Pérennec, aussi ce n'est pas de nuit que Montmoreau va essayer de t'avoir.

Il lui raconta avec lassitude ce qu'il avait entendu de la conversation entre le comte et Corentin Le Pape et il conclut :

— Tu vas y laisser ta peau !

— On ne disposera pas de ma peau si facilement, dit François avec détermination. Je ne me laisserai pas faire !

— Bien sûr, dit Monsieur Pérennec, bien sûr... Je ne doute pas de ton courage, mais quand cet abruti de Le Pape te tombera dessus avec une dizaine de ses voyous, qu'est-ce que tu pourras faire ?

Le vieil homme paraissait inquiet. De temps en temps il se levait de son siège et regardait à travers les vitres de la cabine pour s'assurer qu'ils étaient bien seuls.

Si Montmoreau avait appris que ses propos étaient rapportés à François Carval, c'en eût été fait de sa situation de contremaître.

De son côté, François sentit une sueur froide lui couler dans le cou. Il ne pensait même pas à lui, mais à l'idée qu'on pourrait s'en prendre à son cher camion, cet outil précieux qui lui avait coûté tant d'efforts, et il voyait rouge.

Il regarda le contremaître avec gratitude :

— Merci, monsieur Pérennec...

— Bof, fit le vieil homme, c'est bien peu de chose. Je me demande comment tu vas t'en tirer.

— C'est mon affaire, dit François, ils apprendront qu'un homme averti en vaut deux.

Il se leva pour sortir, puis, à la porte se retourna et ajouta :

— Au moins deux !

— Je ne sais pas si ce sera suffisant, dit le contremaître.

***

Le hangar que la veuve Kerfriden, connue de ses voisins sous le nom de tante Anna, possédait près du port était une sorte de grange dans laquelle, de son vivant, son époux entreposait des barriques de cidre qu'il mettait en bouteilles pour le revendre aux équipages et aux cabarets des alentours.

Ce négociant scrupuleux étant mort prématurément pour avoir goûté sa marchandise avec trop de conscience professionnelle, le commerce avait périclité. Devenue veuve, Anna Kerfriden était de santé trop fragile pour continuer à exercer ce négoce. Elle avait cédé son fonds, son cidre et ses futailles à un couple qui vendait du bois, du charbon et du vin à l'autre bout du port.

Restait le local, qui était vide désormais. François avait pris les mesures des deux portes coulissantes qui fermaient le hangar. Elles étaient assez larges pour laisser passer le camion.

Désormais il n'aurait plus besoin de retourner dormir à Menez Groaz car, sous le toit de tôles, il y avait un grenier et François décida que c'était suffisant pour y transporter son appartement, en attendant mieux.

Le camion ne sortait plus de son garage que pour aller prendre les caisses au quai et les décharger à la gare de Quimper.

François, qui était sur ses gardes, redoubla d'attention après l'avertissement de monsieur Pérennec. Il se méfiait déjà de ce Corentin Le Pape qui n'aimait pas qu'on vînt lui faire une concurrence qu'il jugeait déloyale.

Si encore François Carval avait, comme les autres rouliers, opéré avec une charrette et un cheval, la partie eût été égale. Il n'y aurait eu sur le port qu'un attelage de plus et il y avait assez de poisson à transporter pour tout le monde.

Mais il opérait avec ce foutu camion qui chargeait, non pas le fret de deux ou trois charrettes, mais l'équivalent de ce que pouvaient en transporter sept ou huit. Il se trouvait donc chaque jour une demi-douzaine de cochers qui ne trouvaient pas à s'employer et qui ruminaient leur colère à l'estaminet avant de venir sur le quai proférer des menaces contre cette concurrence.

En dépit de l'avertissement de monsieur Pérennec, François ne pensait pas qu'on pût l'agresser sur la route, en plein jour. Il avait tort.

Un soir qu'il roulait paisiblement vers la gare de Quimper, il trouva un barrage de charrettes au milieu de la route. Il dut s'arrêter.

Son véhicule fut aussitôt pris d'assaut par les cochers furieux qui lui assénèrent des coups de fouet, si bien qu'il dut prendre la fuite.

De loin, il assista désolé au pillage de son camion. Monsieur Pérennec avait vu juste. Les cochers se partagèrent ses caisses comme on le ferait d'un butin. Puis ils poussèrent le camion au fossé et partirent pour Quimper avec des cris de victoire.

François dut aller chercher du secours dans une ferme proche et, aidés du paysan et de son fils, deux forts postiers bretons tirèrent le camion de sa fâcheuse position.

Heureusement, il n'y avait pas trop de dégâts, la vaillante ambulance en avait vu d'autres et François put rentrer, piteusement, au Guilvinec.

Le dépannage ayant pris du temps, les rouliers avaient regagné le port où ils paradaient, fiers de leur exploit. Le Pape, qui avait touché la prime promise par Montmoreau, payait tournée sur tournée. Les cochers ivres erraient par les venelles, leurs grands fouets à la main, et il n'aurait pas fallu que François tombât entre leurs mains.

Cependant, il dut aller rendre des comptes à ses mandataires. Les mareyeurs n'étaient pas contents.

— Comment, tonna le plus important d'entre-eux, un nommé Martial Caroff, on t'a fait confiance et tu étais tellement bu que tu as mis notre poisson au fossé!

C'était un gros bonhomme rousseau de poil, que sa haute taille rendait imposant, une grande gueule venue de Douarnenez où ses affaires allaient déjà bien, mais qui avait senti tout l'intérêt qu'il y aurait à se développer du côté bigouden où les mareyeurs étaient moins nombreux qu'à Douarnenez et bien moins expérimentés.

Les faits lui avaient donné raison, il avait une clientèle sûre et il monopolisait déjà le plus gros du commerce de marée.

Il n'était pas apprécié, mais redouté de ses confrères, car il possédait la seule machine à fabriquer de la glace du port.

S'opposer à Caroff, c'était s'exposer à des représailles lourdes de conséquences, en l'occurrence, risquer de se voir refuser des pains de glace. Et, sans glace, pas d'expédition de poisson.

— C'est donc ça qu'ils ont raconté, fit François amèrement. Monsieur Caroff, regardez-moi, ai-je la tête d'un homme qui boit ? Qui allez-vous croire ? Ces *fri-gwin** de charretiers ou moi ?

— Sans ces *fri-gwin*, comme tu dis, fit le bonhomme furieux, mon poisson serait toujours dans le fossé du Corroarc'h et j'aurais subi une perte importante. Qui l'aurait payée ? Toi, François Carval ?

Bien qu'il fût accompagné de plusieurs autres mareyeurs, il disait « mon poisson », montrant ainsi le peu de cas qu'il faisait de ses confrères.

François tenta de se défendre :

— Ils m'ont attaqué, ils avaient barré la route et…

Le rouquin l'interrompit :

— Ta ta ta ! Tu n'es pas fiable, mon gars !

On sentait qu'il prenait plaisir à humilier ce jeune homme ambitieux qui essayait de se faire une place au soleil.

— On ne peut pas avoir confiance. C'est vrai que ton camion charge dix fois plus qu'une charrette, mais quand une charrette verse, on perd aussi dix fois moins !

Il prenait les autres à témoin de ce raisonnement imparable. Certains mareyeurs paraissaient fort ennuyés, mais personne ne se risquait à aller contre les propos de Caroff.

— Ton camion, dit enfin le gros rouquin, tu pourras toujours aller promener ta Bigoudène avec !

Sous le sarcasme aussi gratuit que méchant, François serra les poings. Il ressentait une envie de meurtre, mais il parvint à se dominer. Caroff parti, il tenta de

* *Littéralement :* nez à vin. *Un ivrogne.*

plaider sa cause auprès des autres mareyeurs, mais il sentait bien que la confiance s'était envolée.

Le lendemain, lorsqu'il se présenta au chargement de la marée, personne ne voulut lui confier de fret. Il s'en retourna vers son hangar plein d'amertume dans son camion vide, ressassant, dans son désarroi, tout ce qu'il aurait voulu dire à Caroff, qui ne lui était pas venu à l'esprit sur l'instant, et tout ce qu'il aurait voulu faire à ce salaud de Le Pape et à ces abrutis de cochers. Tous les pénibles travaux accomplis sous le hangar à Brest pour redonner vie à cette vieille ambulance seraient donc vains? Tout ça pour en arriver là!

Il était plongé dans ses idées noires lorsque son chemin croisa celui de la petite friteuse de sardines. Elle lui sourit hardiment et ce sourire lui fit oublier un moment ses ennuis.

— Ça ne va pas? demanda-t-elle.

— Qu'est-ce qui vous fait dire ça? répondit-il un peu rudement.

— Eh! fit-elle gouailleuse comme savent l'être ces jeunes employées d'usine, comme si ça ne se voyait pas! D'habitude vous êtes plein de *startijenn**, plutôt aimab' même et maintenant, vous voilà comme un *krank sklaer*.** Des embêtements que vous avez peut-être?

François sourit. On pouvait bien le dire, qu'il avait des embêtements!

— J'ai eu quelques ennuis en effet, éluda-t-il, mais ça va s'arranger…

— C'est Caroff, dit la futée, et puis ce *pemoc'h**** de Le Pape et ses ivrognes de cochers!

— Comment savez-vous cela? demanda-t-il, un instant distrait de ses noires pensées.

** D'énergie.*

*** Crabe vide. Désigne un individu sans forces.*

**** Cochon.*

— Tout se sait! affirma-t-elle, sybilline. Ici, quand on met la sardine dans les boîtes, il n'y a que les mains qui sont occupées. Alors, on n'arrête pas de *conchenner.** Il y a des femmes qui ont des sœurs qui travaillent ici ou là…

— Chez Caroff? demanda vivement François.

Elle sourit d'un air malin:

— Chez Caroff et ailleurs… Nous, on sait tout ce qui se passe sur le quai! Caroff ne vous aime pas, François Carval!

— Je le sais bien, fit François amer. Mais du diable si je sais pourquoi. Je ne lui ai jamais rien fait, à cet homme!

— Mais vous avez fait tort à quelqu'un d'autre, quelqu'un d'autre qui a le bras long… Et Caroff préfère déplaire aux gueux qu'à ceux qui ont le bras long.

— Je ne suis pas un gueux! protesta François offensé.

— Non, mais d'autres ont plus d'argent que vous.

François eut un geste d'impuissance. Voilà qui n'était pas difficile! Puis un nom lui sauta à l'esprit. Il rugit:

— Montmoreau!

La jeune fille ironisa:

— Tiens, on dirait que vous avez retrouvé votre *startijenn* tout d'un coup!

— Salopard! gronda François sans l'entendre.

Elle poursuivit:

— Il a juré d'avoir votre peau, François Carval, et le comte de Montmoreau est un monsieur…

— Un monsieur… Un salopard, oui!

* *Commérer.*

— Qu'importe, Caroff s'est rangé à ses ordres. Si Montmoreau lui a recommandé de ne pas vous aimer, il ne vous aimera pas. S'il a décidé de vous nuire, il vous nuira autant qu'il pourra. S'il peut vous détruire, il vous détruira.

— On verra ça! gronda François.

Bizarrement, tout découragement l'avait quitté, faisant place à une rage combative qui lui avait rendu toute son énergie.

— On dirait que ça va mieux, dit la petite futée. Votre œil recommence à briller…

— On n'aura pas ma peau aussi facilement! Ici Caroff et Montmoreau règnent en maîtres, mais un jour tout changera…

Elle demanda avec une pointe d'insolence:

— Et c'est vous qui ferez tout changer?

— Oui, mais pas d'ici…

Il regarda la fille:

— Vous sauriez garder un secret?

À peine avait-il posé la question qu'il la regrettait; il aurait voulu la reprendre, mais il était trop tard. Les narines frémissantes, les yeux ouverts jusqu'à être écarquillés, Marie-Louise attendait la suite.

François secoua la tête. Était-il bête au point de se confier à cette fille d'usine qui venait de lui dire qu'aux tables de travail, dans les usines, dans les ateliers, les langues allaient bon train?

Elle le regardait gravement:

— Oui, François Carval, pour vous je saurai garder un secret.

Il soupira et décida de lui faire confiance.

— Je vais aller à Paris, dit-il.

La fille réagit vivement:

— À Paris? Vous m'enverrez pas avec vous?

La tournure de la phrase le fit rire:

— Et qu'est-ce que tu viendrais faire à Paris? demanda-t-il en la tutoyant pour la première fois.

— J'ai jamais été. J'irais bien, ma foi!

— Et que diront tes parents si tu viens avec moi à Paris?

Elle prit un air malin:

— Ils diront bien ce qu'ils voudront! Ils viendront pas me chercher là-bas, *michans*! Et puis, vous n'allez pas pour demeurer*?

— Non, dit François, pour une semaine au plus.

— Ma fé, quand je serai revenue, il sera bien assez tôt pour voir ce qu'ils diront!

— Ils diront que tu es une fille perdue!

Elle rit sans retenue, d'un rire de gorge gai comme un chant d'oiseau, puis, cessant brusquement, elle jeta d'un air de défi:

— J'ai déjà entendu ça quand je suis venue travailler à l'usine! Le recteur leur a dit que je finirais dans le ruisseau!

Ce fut à François de rire. La dialectique du clergé ne changeait pas: le péché était partout, le diable rôdait, les filles qui allaient au bal étaient des filles perdues…

— Où habitent tes parents?

— À Plomeur. À la ferme de Kerdréo.

— Et tu as quitté la ferme?

— Voui. On voulait me marier au fils Volant, de la ferme de Kerhuella.

— Et toi tu ne voulais pas?

— Non, dit-elle vivement. Vivre dans une ferme? Merci!

* *Pour demeurer définitivement, pour rester y habiter.*

— Tu aimes mieux l'usine?

— Voui.

— Le travail est dur, pourtant.

Elle le regarda hardiment:

— Le travail ne me fait pas peur!

François se risqua à lui prendre la main.

— Je ne peux pas t'emmener à Paris, dit-il.

Fâchée, elle retira sa main qu'elle lui avait abandonnée un instant. En voyant la mine déçue de la jeune fille il ajouta:

— Pas cette fois-ci. Mais une autre fois…

— Pff! fit-elle dépitée, on dit ça!

Il la regarda dans les yeux:

— Ce que je dis, je le fais. Je suis ce qu'on appelle un homme de parole. Quand je reviendrai de Paris, je viendrai te chercher pour t'emmener au bal. Tu aimes danser?

Elle baissa les yeux.

— Monsieur le recteur dit que c'est mal.

— Forcément, dit François, il n'y est jamais allé!

L'argument la fit rire, ce qui lui donna l'air d'une petite fille.

— Quel âge as-tu? demanda-t-il.

— Dix-huit ans.

— Et comment tu t'appelles?

— Marie-Louise Ansquer, mais tout le monde m'appelle Malou.

— Moi c'est François Carval.

— Je sais bien qui vous êtes, jeta-t-elle d'un air hardi. Tout le monde sait qui vous êtes!

— Eh bien, puisque nous sommes présentés, dit François, samedi prochain, petite Malou, je viendrai te chercher et nous irons au bal.

— Vrai ? dit-elle en serrant sa main.

Il lut une telle espérance dans ses yeux noirs qu'il sut qu'il ne faudrait surtout pas la décevoir.

Chapitre 15

Comme on avait vu le camion de François Carval stationné devant la gare de Quimper, on devina qu'il était parti pour la capitale. La nouvelle, bien que n'étant qu'une supposition, fit rapidement le tour du port. Chacun la commenta diversement : Mammig espéra qu'il allait retrouver sa prestigieuse place de chauffeur, son bel uniforme et abandonner ses utopies de devenir patron.

Fort dévote, elle aimait à répéter : « Restons à la place où Dieu nous a mis, ne commettons pas le péché d'orgueil… »

Cette résignation n'était pas le fort de François Carval.

— Pêché d'orgueil… maugréait-il, alors il faudrait laisser les gros écraser les petits ? Et en raison de quel droit ?

— Monsieur le recteur l'a dit !

Tout ce que disait Monsieur le recteur était parole d'Évangile. D'un revers de main, François renvoya au diable Monsieur le recteur et ses doctrines d'asservissement.

À la guerre, il l'avait appris, les balles ne faisaient pas la différence entre les manants et les gens « nés ».

Si ce n'est qu'elles tuaient tout de même bien plus de manants…

— Le soleil brille pour tout le monde, disait-il, pour moi aussi il y a une place sous le soleil !

Lorsqu'il tenait de tels propos, Mammig se signait trois fois à la volée en se lamentant : son fils n'était-il pas devenu un de ces *communards brein** contre lesquels Monsieur le recteur tempêtait en chaire ?

La révolte bolchevique grondait en Russie, la famille du Tzar venait d'être massacrée par les « sans Dieu » et les échos de ces bouleversements étaient parvenus jusqu'au Guilvinec, suscitant de grandes inquiétudes chez les nantis, et de folles espérances chez les déshérités.

Le port de Douarnenez venait de se donner un nouveau maire dont le nom claquait comme un coup de fouet aux fesses des possédants : Flanchec ! Premier maire communiste de France !

La grande grève de 1924 allait jeter les ouvrières dans la rue où elles défileraient pour avoir vingt-cinq sous de l'heure et, en dépit des pressions des patrons, des charges des mobiles à cheval et de la troupe, elles allaient finir par obtenir ce qu'elles demandaient.

Mais François ne voyait pas si loin. Il se méfiait de la politique. Que les Russes fassent ce qu'ils voulaient chez eux, c'était leur affaire. Et si les femmes douarnenistes faisaient du *reuz* sur les quais du Rosmeur, c'était également leur affaire.

Ses problèmes à lui étaient ici, à la pointe de la Bretagne, son pays d'où un salaud de « sang bleu » venu de Paris essayait de le chasser.

Sur le port, on le disait mû par l'ambition et par un orgueil démesuré. De l'ambition il en avait, certes,

* *Communistes pourris.*

et de l'orgueil aussi, comme tout Bigouden qui se respecte; mais ce qui le poussait plus encore, c'était le sentiment d'injustice.

Oui le soleil brillait pour tout le monde, même si certains tâchaient d'accaparer ses rayons.

Chaque fois qu'il le voyait, monsieur Pérennec regardait ce garçon avec une curiosité craintive mêlée d'admiration.

— Un drôle de gabarit! grommelait-il.

Pourtant, s'il avait eu un fils - il était père de quatre filles -, c'est à François Carval qu'il eût aimé qu'il ressemblât. En tout état de cause, il n'imaginait pas ce garçon en train de s'humilier devant le comte de Montmoreau comme lui-même s'effaçait devant monsieur Gaston Chancerelle. Et, secrètement, il se sentait vengé de ses humiliations par personne interposée ce qui lui procurait une âpre jouissance.

Les cochers, qui ne voyaient pas plus loin que les naseaux de leurs chevaux, étaient contents d'être débarrassés d'un rival envahissant. Quant aux mareyeurs, s'il en était qui regrettaient les services de François, nul n'en souffla mot.

Martial Caroff guettait le moment où le jeune homme, désormais sans travail, donc sans rentrées d'argent, serait étranglé et devrait vendre son camion que lui, Caroff, pourrait alors racheter à bon compte.

Malou soupçonnait son nouvel ami d'être allé voir les filles de mauvaise vie qui, disait-on, abondent dans la capitale.

Tout ce beau monde se trompait. Ce que François Carval avait entrepris était ce qu'on appelle aujourd'hui un voyage d'affaires. Ce gaillard n'avait pas fait assez d'études pour raisonner de travers. Pour lui les choses étaient simples : il avait créé une entreprise de transport car il y avait un marché : du poisson à transporter jusqu'à la gare de Quimper. Mais, puisqu'aucun mareyeur ne voulait lui confier de fret, il allait bien falloir en trouver d'une autre manière. Comment ? Eh bien, tout simplement en devenant mareyeur lui-même.

Il ferait comme les autres, il achèterait de la marchandise à « la débarque », la mettrait en caisses et la transporterait dans son camion jusqu'à la gare de Quimper. Et ça, personne ne pourrait l'interdire.

À cette époque que fallait-il pour être mareyeur ? Un local ? Il l'avait. Un téléphone ? Il en ferait la demande à l'administration des postes. Une bascule ? Il avait encore assez de ressources pour l'acheter. Un cheval et une charrette pour transporter ses marchandises ? N'avait-il pas mieux, lui qui possédait un camion ?

Manquaient cependant deux éléments essentiels : des clients, mais ça, il en trouverait et c'est même pour les démarcher qu'il se rendait à Paris.

Et puis encore une chose, mais d'importance celle-là : la glace. La glace assurait la bonne conservation de la marée pendant le transport. Or cette denrée indispensable, incontournable, était monopolisée par un homme : Martial Caroff, propriétaire de la seule machine à fabriquer de la glace du canton. Et Caroff ne voudrait jamais vendre le moindre glaçon à François. Ce n'était même pas la peine de poser la question.

François tourna et retourna le problème dans sa tête sans parvenir à trouver une solution. La glacière la plus proche était à Douarnenez, et elle appartenait, elle aussi, à Caroff. D'ailleurs, il était difficilement envisageable de faire toute cette route pour rapporter une denrée qui serait déjà à moitié fondue en arrivant au Guilvinec.

Certains produits de la mer ne nécessitaient pas de glace pour voyager. C'étaient les crustacés, araignées, tourteaux, homards, langoustes, les coquillages, huîtres, palourdes, bigorneaux…

Toutes ces marchandises, expédiées vivantes dans des caisses garnies de goémons mouillés d'eau de mer, arrivaient le lendemain, en parfait état de fraîcheur.

Donc, François Carval décida de devenir mareyeur spécialisé dans les crustacés et coquillages. Se les procurer n'était pas difficile. Nombre de ses copains pratiquaient cette pêche. Restait à trouver des clients. François avait bien relevé les noms des mandataires auxquels les mareyeurs du Guilvinec expédiaient leurs marchandises. Il irait les démarcher aux halles de Paris ; cependant, sans préjuger de l'accueil qu'il recevrait, un point le tracassait. Que ferait-il s'il y avait de mauvais payeurs ?

Il pensa alors à une autre clientèle, celle des grands restaurants de la capitale où il avait si souvent conduit le comte de Montmoreau. Comme tous les chauffeurs, à l'époque, il cassait la croûte dans une petite salle près de la cuisine en attendant que son maître ait fini de souper. Il avait fait connaissance avec les chefs et les cuisiniers de ces grandes maisons et connaissait donc leurs besoins en marée fine, crustacés, huîtres et autres coquillages. C'étaient ces clients potentiels qu'il était parti visiter, et, mon Dieu, il avait été plutôt bien accueilli. L'idée d'être servis en direct avait plu aux chefs des établissements huppés de la capitale.

De retour au Guilvinec, François avait discrètement commencé à acheter homards, crevettes et crabes qu'il conservait vivants dans des mannes de châtaignier. Son copain Eugène Cariou, qui avait été son premier fournisseur, les laissait flotter accrochées à son bateau dans le fond du port.

Les premières expéditions avaient été reçues à la grande satisfaction des chefs des grands restaurants qui s'étaient passé le mot. Désormais, chaque jour le téléphone sonnait et les commandes affluaient.

Laurent, le fils d'Eugène Cariou, venait d'avoir quatorze ans. Le temps était venu pour lui d'embarquer pour ramener quelques sous à la maison. François lui proposa de travailler avec lui. Laurent irait au vivier chercher les crustacés commandés et les ramènerait au hangar sur sa brouette. Puis il aiderait François à les emballer, à les mettre en caisse, et à charger le camion.

Ce travail de manutentionnaire n'avait pas, de prime abord, séduit Laurent Cariou. Les fils de pêcheurs sont ainsi faits qu'ils vont à la mer aussi naturellement que les canetons vont à l'étang.

Tous rêvent de coups de filets fabuleux, de poissons géants tirés à la ligne. Seuls les infirmes et les malades restaient à terre.

Mais il y avait le prestige de se rendre chaque jour à Quimper en camion automobile. Le garçon avait le cœur partagé.

François emporta sa décision avec cette promesse :

— Bientôt je t'apprendrai à conduire le camion et c'est toi qui iras à la gare.

C'était comme si on lui avait promis la lune.

— Tout seul ? avait demandé Laurent.

— Bien sûr, tout seul. Quand tu auras l'âge.
— C'est quoi, l'âge ?
— Dix-huit ans.

Le garçon avait discrètement compté sur ses doigts. Quatre ans à attendre, ça pouvait se faire. Et puis, si ça ne lui plaisait pas, il ne serait pas trop tard pour embarquer. On cherchait toujours des bras à la pêche.

De toute la campagne environnante les commis de ferme accouraient, attirés par cette nouvelle activité économique promise à une si belle expansion.

Depuis qu'il transportait ses propres marchandises et qu'il ne cherchait donc plus à concurrencer leur industrie, les cochers laissaient François en paix. Cependant la rancune n'était pas éteinte, elle se lisait encore dans leurs yeux lorsque son camion s'ébranlait. Ils lui en voulaient d'avoir été le premier à avoir introduit un progrès qui, inexorablement, allait tuer les transports par chevaux.

D'ailleurs, Montmoreau ne se privait pas d'alimenter leur rancœur en leur faisant parvenir, par le biais de Corentin Le Pape qui était devenu son homme lige, quelques billets pour étancher leur inextinguible soif.

François sentit qu'ils mijotaient un mauvais coup. Il écrivit à son copain Pouliquen à Brest.

Mon cher Louis,

Le camion marche très bien et me donne toute satisfaction. Cependant, il suscite des jalousies chez les rouliers qui transportent la marée.

J'ai déjà été attaqué sur la route de Quimper et je n'ai trouvé mon salut que dans la fuite. Or, tu sais que je n'aime pas fuir. Cependant, contre une demi-douzaine de cochers excités par l'alcool, je n'avais pas le choix.

Pour cette première embuscade, mon camion a été jeté au fossé mais il n'a pas subi de dommages.

Tu te souviens, je t'avais demandé ce que tu comptais faire des souvenirs que tu collectionnes sous ton lit.

Je pense, pour les raisons que je t'ai dites, que j'aurai l'emploi d'un de ces joujoux.

Si tu peux m'en céder un, merci de me l'expédier avec les bonbons qui vont avec à l'adresse suivante :

François Carval
Transports Rapides
Sur le port du Guilvinec dans le Finistère.

C'est peut-être une question de vie ou de mort.

Ton camarade affectionné,
François Carval.

P.S. : Et tu me diras combien je te dois.

Quatre jours après cet envoi, François recevait une boîte de chaussures contenant un revolver à barillet, des balles et le mot suivant :

Mon cher François,

Tu vois, j'avais bien raison de conserver des souvenirs. Je t'adresse cet outil qui doit être de fabrication américaine pour la raison que je l'ai trouvé dans un blindé (ou ce qu'il en restait) américain.

Il fonctionne parfaitement bien (je l'ai essayé), mais j'espère que tu n'auras pas à t'en servir.

Ton fidèle ami,
Louis Pouliquen
(auquel tu ne dois rien).

François avait rangé le colt, car c'était un authentique colt, dans sa caisse à outils sous son siège. L'arme, dont le barillet était approvisionné, était roulée dans un chiffon graisseux et personne ne connaissait son existence. Il n'allait pas tarder à devoir s'en servir…

Depuis la première agression qu'il avait subie, il n'entamait jamais la descente du Corroarc'h sans quelque appréhension.

Le Corroarc'h était une retenue d'eau qui s'était envasée au fil des ans et transformée en une sorte de marais. La route qui descendait à flanc de colline tournait brusquement, à la queue de l'étang, en virage à épingle à cheveux sous une voûte de hauts peupliers poussés à hue et à dia.

Lorsqu'il avait dépassé ce virage difficile, François laissait le volant à Laurent. Il fallait bien que le garçon apprenne à conduire. Personne ne l'avait jamais vu au volant mais il se débrouillait parfaitement.

Comme on l'a dit, ce virage du Corroarc'h était un endroit épatant pour une embuscade. Le chauffeur avait tendance à prendre de la vitesse pour monter la côte qui suivait au risque, s'il se trouvait un obstacle, de devoir aller au fossé pour l'éviter.

Quelques jours plus tard, alors qu'ils se rendaient à Quimper, François, instruit par sa précédente expérience, aborda la courbe au ralenti si bien que le camion put s'arrêter une vingtaine de mètres avant le barrage de charrettes.

Sur le siège, près de François, Laurent ouvrait de grands yeux inquiets.

— Qu'est-ce que c'est? demanda-t-il.

— Ne t'inquiète pas, dit François en serrant le frein à main.

Il mit le moteur au point mort et se pencha pour prendre quelque chose sous son siège.

Enfin, il ordonna à son passager :

— Prends ma place et tiens-toi prêt à démarrer !

Puis il descendit lentement de son véhicule tandis que les cochers marchaient vers lui en faisant claquer leurs fouets de façon menaçante.

— Qu'est-ce que vous voulez ? cria-t-il. Il n'y a pas de marchandise pour vous dans mon camion. Tout ce qui est là-dedans est à moi.

— On s'en fout de ce qu'il y a dans ton camion, gronda Corentin Le Pape qui menait la meute. On te l'a dit la dernière fois, on ne veut plus te voir sur cette route avec ton maudit camion.

François savait de quoi ce type était capable. Il était connu dans toute la Bigoudénie comme étant l'homme le plus fort du pays. Lors des pardons, il gagnait régulièrement les jeux de force, le lever de l'essieu ou le lancer de la pierre ronde.

Originaire de Plobannalec, un gros bourg situé entre Pont-l'Abbé et la côte, Corentin Le Pape était brutal et redouté de tous. Connu sous le surnom explicite de Tintin la Bolée, il avait la réputation d'être mauvais quand il avait bu, c'est-à-dire presque tout le temps.

— Tu as beau être Le Pape, la route n'est pas à toi, lança François en jouant sur son nom.

Et, comme l'autre s'approchait avec un mauvais sourire, il ajouta :

— Tu crois me faire peur avec ton fouet ? J'ai fait la guerre, mon gars, et ce n'est pas un fouet, ni même une demi-douzaine de fouets, qui me feront reculer.

— Tu as fait la guerre, rigola le colosse, nous aussi !

— Tant mieux, dit François, comme ça je n'aurai pas besoin de vous expliquer ce qu'est cet outil.

Il avait sorti le revolver de son chiffon et il le braquait sur le Pape qui s'arrêta net en pâlissant.

— Tiens, tu es moins fier tout d'un coup, la Bolée! fit François ironique.

Il savait que le colosse détestait ce surnom et il était rare qu'on le prononçât en sa présence.

— Répète! grogna-t-il d'un air de défi.

— Tu n'aimes pas ton surnom, ironisa François, pourtant il te va particulièrement bien. Alors, si Monsieur Corentin Le Pape veut bien dégager la route…

— Je vais te faire voir, gronda le cocher en levant son fouet.

— Moi aussi, je vais te faire voir, répondit François en brandissant le colt.

Tout le monde se figea devant la menace de l'arme.

Le charretier se tourna vers ses comparses:

— C'est du chiqué, il n'osera pas…

François braqua son arme vers la charrette de la Bolée, visa et tira. La détonation résonna longuement dans le bas-fond, faisant s'envoler quelques couples de colverts, tandis que la balle ricochait en miaulant, arrachant au passage une longue éclisse de bois aux ridelles faisant tressauter le cheval.

— Tu as vu si c'est du chiqué?

La Bolée n'était pas dépourvu de courage, même s'il ricana jaune, il ricana.

— Facile de casser le matériel! Mais tirer sur un homme, c'est pas aussi facile.

Il tendait sa large poitrine, défiant son adversaire:

— Vas-y si t'es pas dégonflé, chiche!

Cette fois François visa le cheval:

— Je vais d'abord tuer ton cheval!

La Bolée s'était attendu à tout sauf à ça. Son cheval, c'était son gagne-pain. Toucher à un cheval ça ne se faisait pas.

Il regarda les autres, pris de court, et bredouilla lamentablement:

— Pas mon cheval tout de même!

Il sollicitait maintenant l'aide de ses compagnons:

— Il est fou... dites-lui, vous. Mon cheval, qu'est-ce que je ferais sans cheval?

François se fit plus méchant qu'il n'était:

— Tu n'auras plus besoin de rien faire, gros porc, puisque je te foutrai une balle dans la jambe et que tu resteras boiteux. Qui voudrait d'un valet boiteux?

Il braqua son arme vers le groupe des cochers, les visant un à un.

— Qui en veut? Toi, Clet Goasdoué? Toi, Aimé Draoulec? Toi, Léon Biger? Toi, Pierre Stéphan? Allez, annoncez la couleur, il me reste cinq balles, il y en aura pour tout le monde!

Les interpellés étaient moins flambards maintenant. Certains baissaient la tête, les lanières de cuir tressé des fouets traînaient à terre. François leva le canon de son arme et tira en l'air. Une nouvelle fois le fracas de la détonation roula dans le vallon, terrorisant ses agresseurs qui reculèrent précipitamment.

— Si vous voulez la guerre, vous l'aurez, dit François d'une voix terrible. Et la prochaine fois je ne tirerai pas en l'air. Allez, dégagez vos carrioles, maintenant, j'ai assez perdu de temps comme ça.

Vaincus, les hommes reculèrent sans mot dire.

Seul l'un d'entre eux demanda :

— Mais qu'est-ce qu'on va devenir si tout le poisson part par camion ?

— Vous pouvez être sûrs d'une chose, dit François, tôt ou tard et quoi que vous fassiez, il partira par camion, le poisson. Je parie une caisse de vin rouge avec qui voudra qu'avant un an il n'y aura plus une seule charrette qui fera la course jusqu'à la gare de Quimper. Quant à ce que vous deviendrez, c'est à vous de voir. S'il y en a parmi vous qui veulent apprendre à conduire, vous savez où j'habite.

Il montra l'adolescent qui se tenait fièrement au volant du camion :

— Vous voyez, Laurent sait déjà conduire.

Il monta et ordonna :

— Allez, roule Laurent !

La voie libérée, le camion reprit sa route entre les cochers qui ne firent pas un geste pour l'empêcher de passer. François, debout sur le marchepied, le colt toujours à la main, défiait les cochers du regard.

Le camion attaquait maintenant la côte. François demanda au garçon :

— Tu as eu peur ?

— Un peu, au début, dit Laurent. La Bolée est une sale brute ! Je ne savais pas que tu avais un revolver, dit-il en jetant un regard curieux à François.

— Il y a plein de choses que tu ne sais pas encore, dit François en s'efforçant de sourire.

La tension avait été vive, il sentait les battements de son cœur s'apaiser peu à peu et son sourire ne fut qu'une grimace, car il était encore horriblement tendu.

Enfin, il quitta le marchepied pour s'asseoir sur le siège passager et se retourna pour voir les charretiers qui discutaient avec animation.

— J'espère que ça leur donnera à réfléchir, grommela-t-il.

Le garçon le regardait de biais, avec un respect mêlé de crainte.

— Tu aurais tué le cheval ? demanda-t-il d'une petite voix.

François s'essaya à rire, mais tout ce qu'il réussit à faire fut un rire grinçant, sans joie. Il gronda :

— Que non, cette pauvre bête ne m'a rien fait ! J'aurais préféré tuer son maître !

L'adolescent le regarda d'un air effaré, se demandant s'il y avait du vrai là-dedans. Tout compte fait, François n'avait pas tellement l'air de plaisanter.

Embarrassé, il demanda :

— Qu'est-ce qu'ils vont faire maintenant ?

— Ils feront ce qu'ils voudront, nous, on va livrer nos homards au train !

Chapitre 16

Les cochers ne se vantèrent pas de leur échec. Cependant l'affaire du Corroarc'h, comme on l'appela par la suite, fit le tour du pays bigouden. Corentin Le Pape, qui avait perdu la face, perdit aussi sa clientèle. Comme l'avait prédit François, d'autres camions firent leur apparition et le transport hippomobile n'eut plus son utilité.

Par la même occasion, François Carval gagna la réputation d'un type prêt à tout auquel il valait mieux ne pas se frotter. Ainsi, le colt n'eut plus à sortir de la caisse à outils.

Le Pape, lui, ne dessoûlait plus.

Un nouveau recteur avait été nommé pour la paroisse du Guilvinec et, pour frapper l'imaginaire des paroissiens, il prit le bateau à Léchiagat, de l'autre côté du port, en compagnie de l'évêque de Quimper venu procéder à son installation en grand arroi, avec crosse, mitre et tout son aréopage de vicaires et de chanoines également chamarrés.

Lorsque le canot arborant le grand pavois qui portait ces sommités ecclésiastiques, déhalé par six vigoureux rameurs, accosta à la *cale kozh**, la foule des

* *La vieille cale.*

paroissiennes en grande tenue attendait son pasteur pour lui faire une haie d'honneur.

Monseigneur au Guilvinec! Avait-on jamais vu ça hors les sinistres circonstances, qui l'amenaient à concélébrer une messe de funérailles lorsqu'un méchant coup de mer avait emporté une douzaine de marins.

Cette fois il n'y avait point de défunts à porter en terre, mais un recteur bien gras à installer dans une paroisse prospère. L'évêque remonta majestueusement la cale en distribuant force bénédictions, s'arrêtant parfois pour donner à baiser son anneau épiscopal aux saintes femmes qui faisaient des génuflexions jusqu'au sol.

L'atmosphère était au recueillement jusqu'au moment où un iconoclaste aviné troubla la fête. Corentin Le Pape, car c'était lui, ivre comme un Polonais, osa apostropher la foule. Il se tenait sur une caisse et vacillait sur ses bases, sale comme un porc sorti de sa bauge, pas rasé, les yeux chassieux.

— Qu'est-ce que c'est que tout ce *reuz* pour un évêque? Mais moi je suis Le Pape!

Et il répétait de sa voix de rogomme:

— Je suis Le Pape!

Lorsque la procession fut passée, il répétait encore: « Je suis Le Pape, je suis Le Pape! »

Puis il éclatait d'un rire gras sous les regards réprobateurs des saintes femmes. Enfin, sa voix fut couverte par les cantiques que la foule reprenait avec ferveur:

Astre béni du marin,
Conduis ma barque au rivage,
Garde-la de tout naufrage...

L'astre béni du marin ne fut pas clément envers Le Pape. Son corps fut retrouvé le lendemain flottant dans l'eau au pied de la cale, à l'endroit même où il avait blasphémé.

Il fournit ainsi au nouveau recteur matière à son prochain sermon.

***

Comme convenu, le samedi suivant, François amena Marie-Louise Ansquer au bal dans son camion, ce qui donna à jaser.

Mammig, mise au courant par les bonnes langues du lieu, lui fit de véhéments reproches. Comment osait-il amener une jeune fille dans ces lieux de perdition qu'étaient les bals? Pour sûr, il irait en enfer!

François souriait des reproches de sa mère, mais ça lui donnait à penser. Il allait avoir trente-deux ans et il était temps pour lui de s'établir.

Il se souvenait du dernier pardon de la Tréminou à Pont-l'Abbé où, tenant parole, à son retour de Paris il avait emmené Malou.

Ils s'étaient promenés, main dans la main, dans la cohue qui régnait entre les baraques foraines.

C'était un jour de grande liesse populaire: tout le canton de Pont-l'Abbé semblait s'être donné rendez-vous sur la grand place où les manèges s'étaient installés.

Il y régnait une formidable cacophonie dans une allégresse forte et naïve au milieu d'une atmosphère écrasée de chaleur, de parfums, de poussière et d'odeurs.

La grande place était couverte de tentes, baraques, attractions foraines débordant jusqu'aux rues avoisinantes.

Voulant profiter de la manne que constituait ce grand renfort de population attirée par les romanichels, les débitants de vin de la ville avaient dressé des auberges de fortune sous des bâches mal tendues qui abritaient du soleil mais pas de la chaleur. Il régnait sous ces toiles une touffeur lourde de senteurs fortes de tabac gris, de cidre aigre et de lait ribot*.

La coiffe en bataille, des serveuses affairées étalaient, avec des gestes rapides et assurés, la pâte à crêpe sur les *billigs***, servaient le cidre et le vin rouge dans des verres épais que des grouillots imbus de leur fonction rinçaient sommairement dans des baquets de bois dont l'eau trouble était couverte d'une peau grasse de beurre fondu.

Des caisses de vin s'entassaient sur le sol. Des barriques dont on tirait le cidre à la clé reposaient sur des chevalets. Des terrines de pâté roux exhalaient leur odeur forte et le patron, un gros homme rouge et ventripotent, prenait à pleins bras des pains de campagne épais comme des meules et, armé d'un couteau à lame large, taillait des tartines épaisses comme des planches.

Pour sûr, personne ne s'en retournerait de la Tréminou la faim au ventre. Du moins pas ceux qui avaient quelques pièces dans les poches.

Les tentations étaient sans nombre.

Ici, derrière une toile rapiécée, on montrait des bêtes sauvages et étranges qui poussaient d'affreux rugissements. Des romanichelles à têtes de sorcières, aux yeux de braise, disaient la bonne aventure en

* *Babeurre, résidu liquide de la fabrication du beurre.*

** *Plaques sur lesquelles on fait les crêpes.*

lisant dans les mains. Sous des toiles aux couleurs délavées on vendait des pacotilles, des nougats de Montélimar et même des médailles miraculeuses garanties de Lourdes.

Dans les manèges « casse-gueule », des couples tournoyaient sanglés dans des sièges pendus au bout de chaînes cliquetantes. On prenait la chenille qui montait et descendait sur ses rails. Lorsque la bâche se refermait, les couples pouvaient s'embrasser furtivement.

François offrit des bonbons à Malou qui s'amusait de tout comme une enfant.

Elle se fit tirer la bonne aventure par une vieille bohémienne au faciès inquiétant. Cette sorte de momie, pour le moins centenaire, fumait la pipe. Elle scruta le creux de la main de Malou qui en frissonna. La vieille marmonnait ses prédictions d'une voix monocorde qui donnait la chair de poule. La jeune fille, impressionnée, se dégagea et laissa tomber une pièce dans la main décharnée, aux ongles aigus comme des griffes, qui se tendait vers elle. Puis elle revint se blottir contre François, toute frémissante encore d'avoir osé confier sa main à cet esprit mauvais.

— Elle m'a dit que c'était mon jour de chance! dit-elle fièrement à François.

— On va voir ça, dit François.

Il acheta trois billets à une loterie dont le gros lot était constitué par un baigneur de celluloïd vêtu d'un somptueux habit de perles.

Le tenancier lança une grande roue portant des numéros et Malou suivit avidement la course du curseur. Où allait-il s'arrêter?

Dans un dernier cliquètement, la roue se bloqua sur le numéro dix-sept.

— J'ai gagné, cria Malou.

En effet, le dix-sept gagnait la grande poupée. Le forain, dépité de voir son gros lot s'en aller, essaya de donner un coup de pouce à la roue, mais François le retint et gronda d'une voix sévère :

— Pas de ça, bonhomme !

L'autre faillit regimber, mais un coup d'œil donné au costaud qui lui faisait face l'incita à la prudence.

De mauvais gré, il tendit la poupée à Malou qui serra le gros baigneur contre son cœur.

— Heureusement que vous étiez là, François Carval, ce mauvais homme ne me l'aurait pas donnée.

— Il faut toujours se méfier des termajis, dit François sentencieux.

Malou portait, comme les autres jeunes Bigoudènes, une coiffe finement brodée, bien plus haute que celle des femmes plus âgées, un corsage serré orné d'arabesques de velours qui mettait en valeur son jeune buste plein de sève. Sa jupe noire brochée de fils d'or était à demi couverte par un tablier de soie pailletée de mille perles scintillantes.

Son regard hardi se faisait tendre lorsqu'il se posait sur François qui, lui, portait un costume de la ville, à la mode de Paris.

C'était un bel homme, que François Carval. De bonne taille, large d'épaules, il posait un regard clair et tranquille sur cette foule tumultueuse, uniformément vêtue de noir où des broderies éclatantes de sang et d'or mettaient une somptuosité barbare et que les coiffes tachaient de blanc.

Devant un petit cirque, les artistes faisaient la parade. Un clown grimaçait, pour le plus grand bonheur des petits enfants ; une sorte de matamore vêtu en tout et pour tout d'un maillot en peau de panthère faisait saillir avantageusement ses muscles ; une adolescente famélique juchée sur un cheval amorphe jouait les écuyères et trois gamins maigres tiraient des sons discordants de deux tambours et d'une trompette.

Leurs hardes de misère étincelaient splendidement au soleil tandis que le bonimenteur annonçait le programme à grand renfort de coups de cymbales.

Tout ce monde se trémoussait à qui mieux mieux, galipettes, sauts périlleux, marche sur les mains, la tête en bas. L'écuyère pâlichonne sur son cheval pelé décochait aux hommes des œillades pleines de promesses équivoques.

Les amoureux en avaient assez vu. Peu à peu leurs pas les éloignèrent de la foule.

Ils quittèrent la place, longèrent la puissante forteresse médiévale aux deux tours énormes, autrefois résidence des barons du Pont. Sur l'étang qui faisait face au château, des canards, des hérons, des mouettes jouaient sur l'eau.

Hors la place où se déroulait la fête, la ville paraissait déserte.

Les romanichels avaient installé leurs verdines, ces roulottes à petites roues qui sont leurs habitations, sur l'herbe pelée du sous-bois au bord de la rivière. Une vieille femme édentée, gardienne du campement, se tenait accroupie devant un petit feu, tirant sur une courte pipe; elle regarda les amoureux passer sans paraître les voir.

Ils prirent le chemin de halage et, devant le monument dédié aux victimes de la Grande Guerre, s'assirent sur un banc de bois.

Derrière eux les paysans venus en char à banc avaient dételé et leurs charrettes levaient leurs brancards vers le ciel en une muette et mystérieuse incantation.

Les chevaux, déharnachés, attachés par la longe aux troncs d'arbres, broutaient mélancoliquement les quelques brins d'herbe qui restaient à portée de leurs longues dents jaunes.

La rivière de Pont-l'Abbé, comme toutes les rias bretonnes, était soumise au régime des marées. La mer, au gré d'un flux de fort coefficient, était remontée jusqu'à la capitale bigoudène.

Quelques canots flottaient, amarrés à leur bouée et l'eau clapotait contre les quais de pierre grise. Un caboteur, en attente de chargement, s'était amarré aux anneaux tors du quai. Ses deux mâts sur lesquels étaient ferlées des voiles de grosse toile brune se reflétaient dans une eau verte et calme où des bancs de poissons jouaient.

Le bruit de la fête parvenait confus et atténué jusqu'à ce lieu paisible.

François et Marie-Louise se tenaient les mains, heureux d'être ensemble, sans même éprouver le besoin de parler.

Ce fut François qui rompit le silence :

— Marie-Louise…

Elle sentit que le moment était d'importance. François hésita et reprit :

— Je voudrais vous demander quelque chose, Marie-Louise…

Elle le regarda, lui serra les mains un peu plus fort, comme pour l'inviter à parler. Il l'avait appelée Marie-Louise et non Malou, comme tout le monde le faisait, et puis il l'avait vouvoyée, alors que d'ordinaire il lui disait « tu » tout naturellement.

François hésita encore, il se sentait bête devant cette toute jeune fille. Elle lui serra de nouveau les mains. Alors il se décida et demanda d'une voix un peu étranglée :

— Marie-Louise, voulez-vous m'épouser ?

Elle se jeta contre lui en étouffant un sanglot et en balbutiant :

— François, oh François…

Il la serra contre lui, puis la repoussa doucement, inquiet de ce déferlement de larmes :

— C'est oui ?

Elle hocha vigoureusement la tête. De l'eau coulait sur ses joues rebondies. François ne comprenait plus rien.

De nouveau, il la tutoya :

— Tu pleures ? Tu n'es pas contente ? J'ai dit quelque chose qui ne t'a pas plu ?

— Si, si, contente je suis… Jamais je ne pourrais être plus contente.

Il prit un mouchoir dans sa poche et essuya ses larmes. Puis elle lui sourit bravement et lui tendit ses lèvres. Après un long baiser, il lui dit :

— J'irai la semaine prochaine voir votre père.

Sous le coup de l'émotion, il s'était remis à la vouvoyer.

Ils revinrent à pas lents vers le camion, qui était garé de l'autre côté de la ville. Ils passèrent devant une très vieille église entourée des tombes d'un cimetière, très vieux lui aussi, avec son mur de pierres moussues, ses recoins d'herbes folles, ses tombes de guingois aux croix rouillées. Deux vieilles Bigoudènes, à genoux sur la pierre chaude, égrenaient leurs chapelets. On voyait leurs lèvres flétries chuchoter des prières à l'adresse des saints afin qu'ils intercèdent auprès de Dieu pour les pauvres morts qui dormaient là de leur dernier sommeil.

Des pas crissèrent sur les dalles du porche de l'église. Les deux battants étaient grands ouverts et on voyait briller dans la pénombre les flammes vives des cierges.

Appuyés l'un contre l'autre, main dans la main, François et Marie-Louise regagnèrent le camion et rentrèrent directement au port de pêche qui, en ce dimanche soir, était désert. Marie-Louise logeait chez une vieille tante, une sœur de sa grand-mère paternelle qui avait une maison au bourg.

Sur le seuil de la maison, Malou se serra une dernière fois contre François et lui dit avec ferveur :

— La vieille avait raison, c'était vraiment mon jour de chance !

Puis, après un dernier baiser, elle s'en fut par le couloir qui menait à sa chambre, serrant son gros poupon de celluloïde contre sa poitrine.

François rentra à Menez Groaz pour essuyer une bordée de reproches de la part de Mammig :

— D'où est-ce que vous venez comme ça ?

— De Pont-l'Abbé, dit-il en souriant. Tu as oublié, Mammig, c'est la Tréminou !

Non elle n'avait pas oublié. Elle aussi y était allée autrefois, quand elle était jeune, avec son Charles.

François sortit un paquet de sa poche :

— Regarde, je t'ai ramené du nougat de Montélimar !

Les yeux de Mammig brillèrent dans l'ombre. Depuis le temps qu'elle n'avait pas goûté du nougat. Elle en mit un gros morceau dans sa bouche.

— Tu es un bon garçon, reconnut-elle, mais ça ne fait rien, on vous voit trop souvent avec cette fille d'usine…

Elle passait du « vous » au « tu » sans sourciller. Si le tutoiement était un signe d'amitié, l'usage de la troisième personne marquait la réprobation.

Elle était ravie d'avoir eu son nougat, mais les filles d'usine, à cette époque, n'avaient pas une très bonne réputation. On les disait de mœurs libres, voire de petite vertu.

François ne répondit pas aux récriminations de sa mère. Il la prit par la main et la fit asseoir devant l'âtre sur le tabouret à trois pieds sur lequel elle se posait pour manger sa soupe lorsqu'elle était seule à la maison.

— Ma mère, lui dit-il avec solennité, j'ai une nouvelle d'importance à vous apprendre.

Mammig, surprise par le ton solennel de son fils, par ce vouvoiement qu'il lui retournait, le regarda fixement, vaguement hostile, se demandant ce qui allait suivre.

Elle ne fut pas déçue :

— Je vais me marier ! dit François.

La surprise la rendit muette.

— Vous ne dîtes rien ? demanda François. Vous n'êtes pas contente ?

La physionomie de Mammig ne marquait pas l'enthousiasme, mais la plus grande méfiance.

— Avec cette fille que vous fréquentez?

François prit le temps de rajouter dans le feu deux planches de bois flotté ramassées sur la grève.

— En effet. Elle s'appelle Marie-Louise Ansquer, et elle est de la ferme de Kerdréo, à Plomeur.

— Une fille de la terre! dit la vieille femme avec une moue.

— Ses parents sont de la terre, corrigea François, elle, travaille à l'usine Chancerelle.

— À l'usine! cracha la vieille. Les filles d'usine ne sont pas sérieuses, rien que des dévergondées, des filles perdues qui ne pensent qu'à acheter des rubans et à aller au bal!

Un sourire un peu triste détendit la bouche de François Carval. Il s'était attendu à cette réflexion.

— Elles travaillent aussi, parfois, dit-il avec un brin de malice.

— Elle est beaucoup plus jeune que toi, objecta-t-elle en reprenant le tutoiement.

C'était un signe que ça allait mieux.

— Un peu, oui, concéda le jeune homme.

— Un peu? Elle pourrait être ta fille! Tu n'as pas honte?

Non, François n'avait pas honte. Malou lui plaisait bien, il plaisait bien à Malou. Pourquoi aller chercher plus loin?

— Tu n'aurais pas pu trouver quelqu'un d'ici?

Pour être née à deux lieues du Guilvinec, Marie-Louise était considérée comme une étrangère! François remarqua:

— Vous non plus vous n'êtes pas d'ici! Le père est allé vous chercher à Sainte-Marine!

Deux lieues plus loin, également.

— Oui, dit la vieille avec une parfaite mauvaise foi, mais nous autres on était aussi des pêcheurs. Et j'ai monté plus souvent en plate à Quimper pour aller vendre mes lieus que vous n'êtes allé à Quimper en camion !

François négligea l'objection.

— Je vais aller la demander, dit-il, viendrez-vous avec moi ?

La vieille dame hocha la tête avec une conviction farouche :

— Sûrement que j'irai avec vous !

N'était-ce pas son devoir de mère que d'aller assister son petit gars dans cette épreuve ? Et la mère n'était-elle pas la première personne qui devait être présentée à la famille de la jeune fiancée ?

Chapitre 17

Malou avait fait prévenir ses parents de la visite imminente de François Carval et de sa mère si bien que, quand le camion s'arrêta dans la cour de la ferme des époux Ansquer, les visiteurs étaient attendus avec une curiosité méfiante.

D'abord cette énorme machine grondante et qui crachait un épais nuage de fumée noire fit peur aux poules qui s'égaillèrent dans la nature et au cheval qui se mit à hennir et à ruer dans son écurie si bien que le père Ansquer dut aller le calmer à grand renfort de *malloz doue* bien sentis, appuyés de quelques bons coups de trique, ce qui lui permit d'assurer, si quelqu'un en doutait, qu'ici c'était lui le patron.

Les habitants de la ferme n'étaient guère plus rassurés devant ce *karr dre dan* dont on parlait comme d'un dragon de légende sans jamais l'avoir vu.

La ferme n'était qu'une succession de chaumines à géométrie variable, construites de générations en générations au fur et à mesure des besoins autour d'une cour où des poules et quelques canards cherchaient leur pitance en grattant le sol de terre battue.

Pour la circonstance Mammig avait mis sa plus belle coiffe et revêtu ses plus beaux atours. Les mêmes d'ailleurs que ceux qu'elle avait revêtus pour visiter le pays dans l'Hispano-Suiza du comte de Montmoreau.

Assurément cette ferme pittoresque n'avait jamais vu de voiture automobile pénétrer dans sa cour et François devinait que la mère de Malou, petite femme maigre et noueuse, était prête à s'enfuir devant cette invention du diable.

Le père, Louis Ansquer, était un personnage court sur pattes, à la bedaine proéminente et à la trogne peu avenante. Des camions, il en avait vu à la guerre, mais il n'avait probablement jamais imaginé en trouver un jour devant sa maison.

Sa maison qui détonnait au milieu de ces chaumières d'un autre âge.

La façade avait été récemment blanchie à la chaux, la porte et les volets des deux fenêtres étaient d'un joli bleu. Contrairement aux autres bâtisses, elle était couverte d'ardoises.

— *Deuit tre**, fit l'homme avec une sorte de réticence en poussant la porte.

C'était la formulation d'usage pour inviter quelqu'un à entrer dans la maison mais elle manquait de chaleur et on sentait qu'elle n'était faite que du bout des dents.

Ces gens de la côte étaient perçus par leurs voisins des terres comme des sauvages, des naufrageurs, des gens sans aveu dont il convenait de se méfier.

François et sa mère pénétrèrent dans une salle qui sentait le lait aigre, la fumée et la cire d'abeille. Cette pièce ne prenait le jour que par une ouverture étroite comme une meurtrière donnant sur la cour. Le sol de terre battue avait été soigneusement balayé et les

* *Entrez.*

clous de cuivre du lit-clos traditionnel, bien astiqués, luisaient dans la pénombre.

Au pignon s'élevait une grande cheminée de pierre et, contre un mur, un escalier aux marches usées mais soigneusement cirées menait à l'étage.

Mussés sur les marches telle une portée de campagnols, épiant les intrus derrière les barreaux de l'escalier comme des souris derrière ceux d'une cage, une brochette d'enfants parés de leurs plus beaux vêtements dévisageait les visiteurs avec une curiosité teintée de crainte.

Il s'agissait bien sûr des enfants Ansquer, cette fratrie dont Marie-Louise, la sœur aînée, aurait dû s'occuper pour seconder la mère mais qu'elle avait fuie pour aller louer ses bras à l'usine, au grand dam de ses parents qui avaient considéré ce départ comme une désertion.

La mère écarta le banc de la table et, après avoir passé un torchon sorti de l'armoire sur le bois poli, elle commanda d'une curieuse voix aiguë et voilée :

— *Azezit 'ta**!

Elle était sèche et maigre, avec des pommettes saillantes, les yeux bridés comme ceux des Mongols, les cheveux noirs lissés à l'eau tirés en arrière et elle portait la petite coiffe courte à l'ancienne mode.

François protesta, comme il était d'usage. On ne pouvait s'asseoir qu'à la troisième injonction de la maîtresse de maison, selon le code de politesse en vigueur au pays bigouden.

La troisième sommation ayant été faite, les choses étaient donc en ordre et François obtempéra. Le père Ansquer s'assit en même temps que lui au haut bout de la table massive, sur une sorte de fauteuil à bras,

* *Asseyez-vous donc !*

terriblement raide où l'on devait être si affreusement mal que personne n'aurait songé à le lui disputer. C'était la place du maître.

La mère, sans dire mot, avait pris deux bols à oreilles dans un buffet dont la porte grinçait. Elle les posa sur la table avec un pichet en faïence de Quimper orné de coqs multicolores, probablement le plus bel ustensile qu'il y eût dans la maison.

Toujours selon les conventions, François protesta et se leva à demi : il ne voulait déranger personne et d'ailleurs, il ne buvait jamais sans soif.

Le père Ansquer assura, comme il se devait, que sa sobriété était connue, mais qu'on parlait mieux quand la langue était humectée.

Alors François se reposa sur le banc.

La mère Ansquer versa le cidre toujours sans mot dire, reposa le pot sur la table, puis vint derrière son mari et s'immobilisa, la main droite agrippée comme une serre sur le dossier de bois sombre et poli du fauteuil.

Mammig avait eu droit à un *bannig dous**, un verre de Saint-Raphaël.

François prit le verre, le leva et porta un toast :

— *Doue da rei yec'hed deoc'h!***

Le père Ansquer leva le sien et répondit :

— *Yec'hed mad deoc'h!**** Les deux verres se heurtèrent et ils burent une longue gorgée d'un breuvage que François trouva affreusement amer. Il retint une grimace, posa le verre sur la table et parvint à dire :

— *Mad e!*****

Le père Ansquer posa le verre à son tour, renifla et laissa tomber d'un air faussement modeste :

* *Un peu de vin doux.*

** *Que Dieu vous donne la santé!*

*** *Bonne santé à vous!*

**** *C'est bon!*

— *N'e ket fall!**

La femme refit les niveaux, ignorant Mammig qui devrait se contenter d'une seule tournée, et les deux hommes burent de nouveau.

— C'est du cidre de la ferme? demanda François.

Ansquer hocha la tête affirmativement:

— *Ya!***

Puis il expliqua, toujours en breton, qu'il avait un champ de pommiers idéalement exposé au sud, et qui donnait bien. Il en vantait le corps, le bon goût de fruit, la couleur ambrée et le comparait aux meilleurs crus de Fouesnant.

— Il a fini de travailler, dit-il, au premier temps clair, il sera bon à mettre en bouteilles.

Depuis l'escalier ils entendaient les gloussements des enfants, terriblement excités par cette visite qui coupait la monotonie du quotidien.

— Ce sont les frères et sœurs de Marie-Louise? demanda François.

C'était la première fois qu'il prononçait le nom de sa promise.

— Oui, dit la mère.

Et elle ordonna à ses enfants:

— Venez donc par là!

Quatre enfants descendirent de l'escalier et s'approchèrent craintivement. L'aîné était un gros garçon rougissant qui semblait avoir grandi trop vite pour sa veste au tissu râpé, trop petite d'au moins deux tailles.

— Comment t'appelles-tu? demanda François jovial.

L'adolescent baissa la tête et dit d'une voix presque inaudible et en rougissant:

**Ce n'est pas mauvais!*

*** Oui!*

— Marcel.

François lui tendit la main et dit:

— Moi, c'est François, salut Marcel!

Le garçon tendit une main moite, aux ongles noirs, en rougissant encore plus.

— Dis-moi, Marcel, veux-tu me rendre un service?

Le garçon hocha la tête affirmativement sans oser lever les yeux sur son interlocuteur. Il paraissait à la torture.

— Tu vas monter à l'arrière du camion, et là, tu trouveras un panier. Tu me le rapporteras. Tu veux bien?

À nouveau le nommé Marcel hocha la tête et il sortit comme un courant d'air. Restaient les trois petits, accrochés les uns aux autres comme s'ils s'étaient soudain trouvés devant l'ogre.

— Celle-ci, c'est Louizig, dit la mère, en caressant rudement les épaules d'une adolescente qui portait déjà la petite coiffe, elle aura quatorze ans à Pâques. Et voilà Berthe, qui a dix ans, et le dernier, Georges…

Elle ne fit pas d'autre commentaire. Visiblement, le pauvre Georges était lourdement handicapé. Il avait une grosse tête qu'un cou maigre semblait avoir du mal à porter, de grands yeux ahuris et sa bouche constamment béante laissait couler un filet de bave qui pendait de son menton à son gilet comme un fil d'argent. Pas ragoûtant, le petit frère!

Les deux petites ressemblaient à Marie-Louise. François en fit la remarque.

— Il y a deux autres garçons, dit le père, Émile a quinze ans; il est apprenti chez Louarn, le menuisier du bourg, quant à Félix, l'aîné, il a vingt ans et il fait son temps dans les cuirassiers, à Vannes.

Il ajouta avec fierté que le garçon « suivait le peloton » et ne tarderait pas à passer brigadier.

François, que la guerre avait rendu foncièrement antimilitariste, sourit aimablement et fit le compliment banal qu'appelait une si belle situation tout en pensant : « Ça lui fera une belle jambe ! »

Marcel revint, portant un grand panier d'osier qu'il posa aux pieds de François. Celui-ci ôta le linge blanc qui le couvrait et sortit des petits paquets soigneusement emballés.

— Voilà pour le patron, dit-il en posant le premier paquet sur la table devant Louis Ansquer. Ceci est pour la patronne.

Il posa un nouveau paquet près de la femme tandis que les époux Ansquer se consultaient muettement du regard d'un air de se demander : quel piège nous tend-on ?

Sans faire mine de s'apercevoir de cette méfiance qui, décidément, ne se dissipait pas, François continuait la distribution :

— Pour vous, les *loustics*, il y a des bonbons. Vous aimez les bonbons ?

Leurs yeux brillants répondaient mieux que des mots. Ils se virent gratifiés d'un sachet transparent au travers duquel on voyait des papiers multicolores. Du coup, le petit Georges bavait deux fois plus.

— Quant à toi, dit François à Marcel, tu es un homme, tu es trop grand pour avoir des bonbons…

Le regard d'envie que Marcel posa sur les petits qui déballaient leurs sucreries disait que lui ne se trouvait pas trop grand, mais François sortit un petit paquet de sa poche :

— Tiens, voilà pour toi !

Le garçon défit fébrilement le paquet et poussa un petit cri de stupéfaction : il était l'heureux possesseur d'un couteau à plusieurs lames, pourvu d'une chaîne pour l'accrocher à la ceinture.

Visiblement, il n'avait jamais rien vu de si beau. De saisissement, il ne pouvait plus articuler. La mère avait reçu des rubans de velours qu'elle lissait entre ses doigts crevassés avec une satisfaction mal dissimulée et le père douze paquets de tabac qu'il contemplait, lui aussi, avec un bonheur manifeste.

Et puis, au fond du panier, il y avait deux homards de belle taille, aux pinces soigneusement ficelées, qui arrachèrent des cris d'admiration et de crainte aux petits.

Mammig dut expliquer à la mère comment il convenait de les cuire, jusqu'à ce qu'ils soient rouges.

Les gens de la campagne étaient très friands de poissons et autres produits de la mer, mais bien qu'ils ne fussent qu'à quelques kilomètres de la côte, ils n'en consommaient que rarement.

Sous le coup de l'émotion, la patronne s'en fut tirer un nouveau pichet de cidre à la barrique. François, sous peine de paraître impoli, dut en avaler deux autres verres.

Heureusement, pour accompagner ce breuvage corrosif, on posa aussi sur la table un morceau de pain noir et une pièce de lard.

Avec quelque vanité, Louis Ansquer expliqua qu'on avait tué le cochon le mois précédent, une bête grasse, de trois cents livres, qui était maintenant au saloir.

Tout en mangeant, François et Louis Ansquer échangèrent leurs souvenirs sur cette Grande Guerre qui les avait heureusement épargnés.

Enfin, on en vint aux choses sérieuses.

— Louis Ansquer, dit François, je suis venu, vous le savez, pour vous demander la main de votre fille Marie-Louise.

La déclaration tomba dans un profond silence seulement troublé par le froissement des papiers de bonbons que les petites déballaient dans leur refuge, l'escalier.

Louis Ansquer et sa femme s'étaient rembrunis. On en venait à la phase délicate de la négociation. Bien sûr, le prétendant avait un camion, bien sûr on disait qu'il avait des biens, qu'il gagnait des sous gros comme lui dans son négoce de marée.

Mais il n'avait pas de terre, et, pour ces paysans, ne pas avoir de terre, c'était LE péché originel, LA tare ineffaçable ! C'est que Marie-Louise avait été demandée par le fils d'une riche ferme voisine.

— Marie-Louise, dit François, n'a pas envie de vivre à la ferme.

Louis Ansquer haussa les épaules en grognant, ce qui renforça sa ressemblance avec un sanglier à la bauge : si maintenant il fallait se soucier de ce que voulaient les filles, où allait le monde ?

— Elle ne reviendra pas, dit encore François, elle se plaît mieux à la côte.

Louis Ansquer hochait la tête, qu'y avait-il pourtant de plus sûr que la terre ?

La mer est traîtresse, il y a tant de matelots qui périssent dans les tempêtes.

— C'est que je ne suis pas marin, dit François, je suis mareyeur.

Mareyeur, le couple savait-il seulement ce que ça voulait dire ? Et puis, ce garçon était tellement plus âgé que leur fille… Il avait fait la guerre, comme lui, Louis Ansquer ! C'est dire.

Ces arguties commençaient sérieusement à agacer François. Il fit valoir que s'ils avaient marié Marie-Louise au fils de la ferme qui l'avait demandée, ils auraient dû la doter. Une pièce de terre, qui sait, un cheval… Tandis que lui, François Carval, il la prenait comme ça, et, mieux encore, il paierait les frais de la noce.

Ce fut l'argument qui, avec les cadeaux, emporta le marché.

Restait à retenir la date du mariage.

Chapitre 18

Le mariage de François Carval et de Marie-Louise Ansquer eut lieu le samedi suivant le dimanche de Pâques 1924 en l'église de Plomeur.

Ce fut un véritable mariage bigouden - toutes les femmes étaient en coiffe, les hommes en tenue d'apparat - avec *friko** chez Lannurien, un restaurateur réputé du bourg.

François avait invité tous ses voisins de Menez Groaz. Mammig trônait sur la banquette avant du camion. Elle avait mis sa plus belle coiffe et les autres, les Cariou, les Larnicol, les Biger, les Calvez, les Dilosquer s'étaient entassés à l'arrière, sur des bancs qu'on avait empruntés chez Toulemon, au bistrot de la Cale.

Le plancher du camion avait été lavé à grande eau la veille, si bien qu'il ne sentait pas trop le poisson.

Le roi n'était pas leur cousin, à ces braves gens de la palud, que ceux du bourg tenaient en haute suspicion. Ne fallait-il pas être un moins que rien pour habiter des lieux aussi déshérités que cette dune aride, exposée à tous les vents ? Aussi, le mariage de François Carval - un des leurs, et le plus glorieux avec son père qui avait, lui, reçu la médaille de sauvetage des mains

* *Friko : repas de noce.*

du Préfet sur décision du Ministre de la Marine - fut LE grand jour de leur humble vie.

Ils arrivèrent en triomphe dans le camion brinquebalant, avec le marié au volant, sur la place de l'église à Plomeur où tous les paysans étaient venus en char à banc.

Pour la circonstance François avait revêtu un costume *giz-kêr** - trois pièces, croisé, avec le petit gilet, le col cassé, le nœud papillon et les souliers vernis - tandis que les paysans étaient encore vêtus *ar mod kozh***, avec le gilet brodé de rouge et d'or de leurs ancêtres qu'ils portaient avec majesté.

On était dans la première partie du XXe siècle, deux mondes se côtoyaient sur cette place de village, celui d'une Bretagne antique, d'une civilisation traditionnellement pastorale où le cheval était roi, et le monde moderne qui avait fondu sur les hommes avec le fracas de la guerre, symbolisé par François Carval, son costume de la ville et son véhicule à moteur.

Bien sûr, François Carval était un précurseur que l'on regardait avec méfiance, convaincu qu'il allait, comme on le disait dans les arrière-salles de bistrot, « se casser la gueule » avec ses innovations, mais qui inquiétait, chacun ne pouvant s'empêcher de se demander, au plus profond de lui-même: « Et s'il avait raison? »

Le cortège se forma et fit le tour de l'église, précédé de deux vieux Bigoudens qui soufflaient dans leur biniou et leur bombarde avec une grande conviction.

La cérémonie fut belle. La mariée était ravissante avec sa jupe blanche, son bustier de velours noir scintillant de perles et sa coiffe de fine dentelle qui mon-

* *À la mode de la ville.*

** *À la vieille mode.*

tait déjà quelques centimètres plus haut que celles des vieilles campagnardes.

Elle entra dans l'église au bras de son père aussi court sur pattes qu'elle était fine et élancée, et qui avait plus que jamais l'air d'un sanglier couvert de brocarts.

François suivait, donnant le bras droit à Mammig et le bras gauche à celle qui allait devenir sa belle-mère.

La famille Ansquer étant connue pour être bonne chrétienne, trois prêtres s'étaient déplacés pour concélébrer la cérémonie : le recteur de Plomeur, bien entendu, un très vieux prêtre qui avait baptisé Marie-Louise quelque dix-huit ans auparavant et un père missionnaire qui fit forte impression avec sa soutane blanche, sa longue barbe assortie et sa trogne rubescente sous un casque colonial - en liège, *mar plij** - qui évitait à sa cervelle occidentale d'être grillée par l'impitoyable soleil africain.

En pays bigouden, ce casque n'avait évidemment aucune utilité, mais le missionnaire le portait fièrement comme une couronne, comme un emblème de sa très haute et très sainte mission en des terres lointaines, jusque-là oubliées de Dieu.

C'était le père Achille Louédec, frère aîné de madame Ansquer, donc l'oncle de Marie-Louise, en mission depuis trente ans à Ouagadougou, dans la Haute-Volta.

Il y avait aussi six enfants de chœur en surplis blanc et robe rouge - dont Marcel, le frère de Marie-Louise - et une demi-douzaine de religieuses de l'école des Carmes où la jeune mariée avait suivi les cours ménagers avant de partir travailler à l'usine.

* *S'il vous plaît.*

Les femmes s'étaient rangées dans la travée droite de l'église, les hommes dans le côté gauche. L'office se fit en breton, naturellement, et les vieux cantiques du pays s'élevèrent sous la nef, accompagnés par un orgue chevrotant.

Le père Achille, qui avait une belle voix, entonna au final un cantique émouvant assurant aux mariés

...Que leurs aïeux du haut des cieux,

Au bord du paradis se penchent...

pour les bénir, bien entendu.

Puis Marie-Louise et son époux sortirent et, comme il était d'usage, les garçons d'honneur jetèrent à la volée des poignées de piécettes à l'intention des gamins qui attendaient sur le parvis. Ce fut une belle mêlée dans la poussière puis, lorsque le moindre centime de bronze eut été soigneusement ramassé, le photographe, venu de Pont-l'Abbé, rassembla la noce sur les marches de l'église pour la traditionnelle photo.

Après qu'elle eut été immortalisée, la noce fit visite à la tombe familiale des Ansquer et des Louédec dans le cimetière du village, pour montrer qu'on n'oubliait pas les aïeux qui reposaient là.

Enfin on quitta le cimetière pour le restaurant, toujours en cortège, précédé des deux sonneurs soufflant comme quatre et buvant comme huit.

L'apéritif dura deux heures, le repas six. On servit de la langouste - fournie par le marié - puis le pot-au-feu, bien gras, avec des yeux jaunes, les tripes sans lesquelles un fricot ne serait pas un fricot, des frites et du vin, blanc et rouge à volonté, de la limonade pour les enfants, et la pièce montée, collée au caramel, couverte de chantilly et surmontée d'une statuette représentant deux mariés.

Chacun y alla de sa chanson et lorsque le café fut servi avec le pousse-café, les serveuses passèrent dans les rangs des convives avec la grande boîte de gâteaux en métal pour encaisser le prix des repas.

Les invités mirent donc la main à la poche, sauf les habitants de Menez Groaz et la famille Ansquer que François avait pourvus d'un bon qu'il honorerait personnellement. Cette munificence insensée troubla les campagnards. Il était en effet d'usage lorsqu'il y avait une noce que chacun payât son repas.

Nous l'avons vu, François s'était engagé à régaler sa belle-famille et il avait tenu à ce que ses amis de la palud, trop pauvres pour s'offrir ces agapes, fussent aussi de la fête.

Les hommes continuèrent au comptoir avec des petits coups de fort tandis que les femmes de service débarrassaient la salle de ses tables et balayaient le plancher pour le bal.

Les deux sonneurs furent juchés sur deux barriques à usage d'estrade, mais leur ardeur à sonner jabadaos, gavottes et laridés s'étiola très vite. Il fallut les descendre avant qu'ils ne tombent, victimes de leur soif chronique et des trop nombreux amis pressés de l'étancher.

Heureusement, le marié avait prévu cette défaillance. Il avait fait venir de Quimper un orchestre réputé comprenant un accordéoniste, un saxophoniste et un batteur. Les vieux écoutaient bouche bée cette musique inouïe et regardaient, scandalisés, ces danses impudiques « *kov a kov* »* que les jeunes semblaient tant apprécier.

Bien entendu, les deux recteurs avaient battu en retraite devant cette musique du diable et ces danses

* *Ventre contre ventre - Prononcer* kof a kof.

osées qui offensaient Dieu, mais le père Achille qui en avait vu d'autres - là-bas, en Haute-Volta, les indigènes ne se baladaient-ils pas entièrement nus ? - le casque de travers, tirait des nuages de fumée d'une bouffarde courte en séchant des petits verres de lambig et échangeait - dans un breton un peu oublié - de menus propos avec des condisciples perdus de vue depuis un demi-siècle. Il paraissait parfaitement heureux.

On s'en souviendrait, du mariage de la fille Ansquer !

Tout à leurs supputations sur l'état de fortune du *mab nevez**, les mauvaises langues ne remarquèrent pas que la taille de la mariée était un peu épaisse.

Six mois plus tard, Malou donna le jour à un « prématuré » de neuf livres qui fut prénommé Francis.

* *Nouveau marié.*

Chapitre 19

Maintenant les affaires allaient bien. Les clients parisiens se multipliaient ; les cuisiniers et les restaurateurs qui appréciaient fort la qualité des crustacés et coquillages des établissements Carval et fils - François avait fait rajouter cette mention dès la naissance de Francis - réclamaient maintenant du poisson. L'opportunité d'ajouter cette activité au commerce des crustacés était tentante. Le poisson de qualité abondait. Tous les jours, au débarquement, on trouvait à la vente des quantités de turbots, de colins, de soles, de rougets. Mais, nous l'avons vu, il y avait un empêchement majeur à ce que François développât son commerce dans cette direction.

Cet empêchement s'appelait Caroff : le gros mareyeur roux qui avait espéré racheter le camion de François si celui-ci avait fait faillite voyait d'un mauvais œil l'arrivée sur le marché de ce garçon ambitieux dont il se méfiait comme de la peste.

Laurent Cariou, le commis de François Carval, fit une tentative et se présenta à la glacière de Caroff pour essayer d'acheter des pains de glace.

Bien entendu on les lui refusa et le garçon rentra, mortifié par ce refus.

Bien qu'il s'y attendît, François Carval sentit qu'il ne pouvait rester inerte. Laurent, qui le considérait comme un homme extraordinaire, un homme dont on pouvait tout attendre, capable de résoudre les pires obstacles, le regardait, interrogatif.

— Ne t'en fais pas, Laurent, dit François Carval. Je vais aller le voir, ce Caroff de malheur, et il faudra bien qu'il m'explique pourquoi je n'ai pas le droit, moi, d'avoir de la glace.

Il se présenta donc à la glacière et entra sans frapper dans le bureau de Caroff:

— Monsieur Caroff, l'interpella-t-il, mon argent ne vaut-il pas celui des autres?

Le rouquin le considéra sans aménité:

— Qu'est-ce que c'est que ces manières? D'ordinaire on frappe avant d'entrer chez moi, et on attend que j'aie dit: « Entrez! »

Il toisa François:

— Il est vrai que le savoir-vivre ne semble pas t'étouffer, mon garçon. On connaît tes exploits!

Il faisait bien sûr allusion à sa traversée triomphale de la salle d'apparat du château de Langoz, en caleçon et tricot de corps.

François ne voulait pas se laisser entraîner sur ce terrain:

— Pourquoi ne voulez-vous pas me vendre de la glace?

— Primo parce que je n'en ai pas assez…

— Vous fournissez tous les autres mareyeurs!

— C'est bien pour ça que je n'en ai pas assez!

— Vous avez dit primo, fit François, c'est donc qu'il y a un secundo, et peut-être un tertio?

— Tu as raison, mon garçon, approuva Caroff.

Le gros mareyeur était assis en majesté dans un fauteuil à la mesure de son imposant postérieur, devant une large table cirée sur laquelle il y avait un appareil téléphonique. Derrière lui, des classeurs s'alignaient en bon ordre dans une armoire vitrée.

— Le secundo, c'est que tes manières ne me plaisent pas.

— J'attends la troisième raison, dit François. C'est sans doute la meilleure.

— Il n'y a pas de troisième raison, affirma Caroff, si ce n'est que je suis maître chez moi et que je vends ma glace à qui je veux !

— Non, ricana François, cette troisième raison, c'est que le comte de Montmoreau vous a interdit de me vendre quoi que ce soit !

Caroff, vexé d'être percé à jour, se rebiffa :

— C'est toi qui le dis ! Mes relations d'affaires avec le comte ne te concernent pas. La première des raisons me suffit et il ne m'en faut pas d'autres.

Il articula :

— Je n'ai pas trop de glace pour mes clients habituels, alors toi…

Il fit claquer ses doigts comme pour montrer le peu de cas qu'il faisait de son interlocuteur.

— Je vois, dit François.

Il avait une folle envie d'empoigner la table et de la renverser sur ce gros porc qui le narguait, mais il réussit à maîtriser sa colère.

— Si tu tiens tellement à avoir de la glace, dit Caroff, tu n'as qu'à t'acheter une machine !

Il éclata d'un rire gras qui fit frissonner François. Acheter une machine à glace ! Le conseil était bon, mais les conseilleurs ne sont pas les payeurs. Une telle installation coûtait une fortune. Hors de portée en tout cas des finances de François Carval, même si ses affaires étaient prospères, il restait un tout petit mareyeur.

Une porte s'ouvrit et une femme apparut. Une femme? Non! Une tour qui se déplaçait. Bâtie comme un grenadier, madame Caroff faisait irrésistiblement penser à une balise d'entrée de port qui eût été mobile. Laide comme les sept péchés capitaux, elle avait un visage de pleine lune, un petit nez en pied de marmite et une moustache de greffier d'établissement pénitentiaire. Des petits yeux durs et cupides luisaient sous son front bas derrière des lunettes à monture d'or. Elle portait la coiffe des *Penn Sardin* et sa tête frôlait la suspension électrique. Elle demanda d'une voix de rogomme:

— Qu'est-ce que c'est que tout ce *reuz**?

— Marguerite, je te présente monsieur Carval, dit Caroff avec une emphase pleine d'ironie. Monsieur Carval veut acheter de la glace, et moi je ne veux pas lui en vendre. Voilà l'objet de la discussion.

Elle considéra François de haut en bas, puis regarda son mari, semblant lui demander pourquoi il ne voulait pas lui vendre de glace.

Caroff comprit la question muette:

— Je ne veux pas lui en vendre parce que je n'en ai pas assez pour mes clients habituels!

— Ce n'est pas vrai, riposta François. Vous en vendez bien à tout le monde, de la glace, pourquoi pas à moi?

— Dis donc, fit Caroff d'une voix menaçante, tu ne serais pas en train de me traiter de menteur, par hasard?

* *Ici* reuz *a le sens de raffut.*

— Si, répondit François furieux, vous êtes un menteur !

Caroff se fit cauteleux :

— D'accord, admit-il, mais tu ne voudrais pas faire commerce avec un menteur, non ?

— Si on ne faisait commerce qu'avec les honnêtes gens… commença François. Puis il se tut.

Caroff tapa de la main sur sa table et articula :

— Je te l'ai dit, et que les choses soient claires, je n'ai pas de glace pour toi ! Tu as compris cette fois ou il faut que je te l'écrive ?

— C'est votre dernier mot ?

— Mon dernier mot, oui.

Il eut un geste de la main pour congédier François, un geste méprisant comme celui qu'on a pour une mouche agaçante.

— Allez, disparais, mauvaise graine !

Et, comme François ne bougeait pas assez vite pour son gré, la tour se mit en marche, semblant vouloir l'étouffer sous sa masse :

— Allez donc, puisqu'on vous a dit de partir !

De nouveau François eut la tentation de la pousser pour savoir quel bruit aurait fait ce gros tas en s'écrasant sur le parquet, mais c'était à coup sûr se condamner à la prison. Ce n'était pas le moment.

Après un dernier regard mauvais au couple d'affreux, serrant les poings, serrant les dents, il sortit sans mot dire.

***

François avait beau tourner et retourner le problème dans tous les sens, le monopole de la fabrication de glace appartenait toujours à Caroff, et, si bien qu'allassent ses affaires, elles ne lui permettaient pas d'envisager l'investissement d'une machine à fabriquer cette précieuse denrée. Pour ses seuls besoins, cet équipement coûtait trop cher et produisait plus de glace qu'il n'en pouvait utiliser. Le coup n'était jouable que si plusieurs mareyeurs achetaient sa production régulièrement.

Or c'était Caroff qui avait cette clientèle. Des clients captifs, certes, mais qui redoutaient plus que tout de se voir privés de ces pains de glace indispensables à la bonne marche de leurs affaires.

Cependant il n'était pas dans le caractère de François Carval de renoncer à une affaire avant d'en avoir exploré toutes les possibilités et cherché les moyens de les contourner.

Il se rendit donc à Nantes, où le concessionnaire de ces machines avait son siège et se renseigna. Muni d'une documentation technique, des tarifs exacts du fabricant, il put mieux cerner le problème et mettre une stratégie en place.

Ayant bien calé toute l'affaire, il invita les mareyeurs à boire un coup à l'occasion de la naissance de son fils.

Cette invitation eut lieu au *Café de la Cale*, chez Toulemon, que François honorait de sa clientèle. C'était là en effet que, chaque semaine, il payait les marins qui le fournissaient en crabes et en homards. Car il était d'usage que ces règlements se fassent en espèces sonnantes et trébuchantes dans un des débits de boisson où le mareyeur « avait ses habitudes ».

Ce n'était qu'un prétexte pour réunir des hommes installés bien avant lui, des hommes qui étaient ses aînés, avec lesquels il n'avait que peu de rapports et qui le considéraient toujours comme un trouble-fête.

On but donc à la santé du jeune Francis, puis, un verre par-dessus l'autre, on en vint à parler affaires.

Un des mareyeurs se plaignit du coût de la glace. Il s'appelait Paul Le Corre et employait plusieurs ouvriers.

Un autre renchérit :

— Vingt centimes la barre, et il me faut cinquante barres par jour, ça finit par faire une somme !

Un nommé L'Hénoret, que François connaissait bien ajouta :

— Et le temps qu'on perd à attendre son tour !

— Demandez une réduction à Caroff, suggéra François.

Un vieux mareyeur s'esclaffa :

— Autant demander un morceau de viande à un loup ! On dit des Bigoudens qu'ils sont *skragn** mais ce Douarneniste *brein*** est pire que tout !

— Vous vous trompez, messieurs, dit François. Le pire n'est pas le prix de la barre...

— C'est quoi alors ? demanda Pierrot Cossec, un gars de Loctudy qui était venu s'installer au Guilvinec quelques années plus tôt.

— Le pire serait qu'il n'y ait plus de glace !

Il y eut des raclements de sabots sur le plancher de la mère Louise Toulemon, patronne du bistrot de la Cale. Elle se tenait derrière son comptoir bas, la coiffe en bataille, ne perdant pas un mot de ce qui se disait dans ce groupe d'hommes.

— Qu'il n'y ait plus de glace ? dit enfin quelqu'un, celui-ci n'est pas bien !

* *Avares.*

** *Pourri.*

François ricana.

— Réfléchissez, messieurs, comment est fabriquée la glace ?

— Ben, par une machine, dit quelqu'un.

— C'est ça, dit François, une machine. Maintenant dites-moi : les machines, est-ce que ça ne tombe pas en panne quelquefois ?

Il y eut un silence pesant, puis quelqu'un risqua :

— Ce n'est jamais arrivé !

— Bien sûr, tant que le matériel est neuf, mais ça arrivera, croyez-moi. J'ai travaillé sur ce genre de machine dans la Marine, c'est fragile ! Et pour les réparer, il faut un spécialiste. Et un spécialiste, vous ne le trouverez pas ici, il faudra qu'il vienne de Nantes !

Nouveau silence, encore plus pesant.

François poursuivit sa démonstration en comptant sur ses doigts :

— Le temps qu'on le prévienne, un jour, le temps qu'il arrive, un jour - et encore, s'il n'est pas pris ailleurs, car il est très demandé, ce spécialiste - le temps qu'il répare, s'il a la pièce, parce que ces pièces-là viennent d'Italie ! Vous pouvez rester huit ou dix jours, ou davantage encore sans glace.

— On en fera venir de Douarnenez, dit L'Hénoret.

— S'ils en ont assez pour eux, dit François. À Douarnenez aussi ils ont besoin de glace. Et puis, ça ne sera plus vingt centimes la barre, il y aura le transport en plus !

Il enfonça le clou :

— Et quand il fait chaud, une barre de vingt kilos n'en pèsera plus que dix arrivée dans vos magasins. C'est là que ça vous coûtera cher.

— Mais toi, lança un vieux mareyeur, tu es mécanicien, non ?

— Vous êtes bien renseigné, Croëz Guilcher, répondit François.

— Tu pourrais donc réparer la machine à glace si elle tombait en panne ?

— Je pourrais, oui, dit François, maintenant, dire que je le ferais, c'est moins sûr !

Le vieil homme s'appelait Ambroise Guilcher, Croëz en breton, et il venait d'Audierne où il possédait des viviers à langoustes. C'était un homme bien pourvu, qui voulait encore arrondir sa fortune en faisant le commerce du poisson.

— Mais pourquoi ?

— D'abord parce que je ne suis pas sûr que Monsieur Caroff réclamerait mes services…

— T'en fais pas pour ça, dit Guilcher, dès que ses intérêts sont en jeu, Caroff sait caler la voile. S'il est besoin, il viendra te manger dans la main.

— Oui, mais moi je ne voudrais peut-être pas qu'il me mange dans la main.

Il prit l'air désintéressé :

— Je vous dis ça comme ça. Vous le savez, je fais les crustacés, je n'ai pas besoin de glace…

— Attends, l'interrompit Guilcher qui était plus finaud que le reste du lot, tu nous en as trop dit pour ne pas aller au bout de ta pensée. Où veux-tu en venir, François Carval ?

— Je pense que si j'étais vous, expliqua François, je réfléchirais : un de vos plus gros postes de dépense concernant l'expédition du poisson est celui de la glace. C'est aussi la denrée la plus vitale pour vos entreprises. Or il n'existe, à l'heure actuelle, qu'une seule machine pour en fabriquer sur le port et elle appartient à Caroff. Il est ainsi dans une position dominante et peut vous demander le prix qui lui convient pour cette fourniture. Je vais vous le dire tout de suite, vous payez la glace deux fois trop cher.

— Qu'est-ce que tu en sais? lança Carduner, un des plus anciens mareyeurs de la place, qui était un ami de Caroff.

— Je le sais, dit François, car je suis allé à la société France Réfrigération. Ils importent à Nantes, sous licence italienne, les machines les plus modernes du marché. Le pain de glace que Caroff vous vend vingt centimes revient en fait à deux centimes. Qu'est-ce que la glace? De l'eau! Ce n'est pas ça qui manque chez nous!

— Tu oublies le prix de la machine, ricana Carduner. Personne ici n'est capable d'en acheter une.

— C'est vrai, admit François. Aucun d'entre nous n'en aurait les moyens.

Il laissa passer un temps de silence et ajouta:

— Mais en s'y mettant à dix, le coup est jouable.

Il y eut un nouveau silence, chacun réfléchissant à ce qui venait d'être échangé, puis quelqu'un murmura:

— À dix?

— Eh oui, dit François. Une machine coûte quarante-cinq mille francs. Aucun d'entre vous ne peut disposer de cette somme. Mais chacun d'entre vous doit pouvoir sortir quatre mille cinq cents francs.

Une autre voix demanda:

— Mais elle sera à qui, la machine?

— À personne et à tout le monde. Enfin, à tous ceux qui auront payé! Il faudra faire une société et tous ceux qui auront apporté des fonds toucheront leur glace au prix de revient, c'est-à-dire dix fois moins cher que chez Caroff. Réfléchissez-y, dix fois moins cher!

Et il ajouta, dans le silence qui était retombé:

— Et celle-là, si elle tombe en panne, je vous promets de la réparer tout de suite.

— Et ceux qui ne feront pas partie de la société?

— Ça sera leur affaire, dit François, ils continueront d'acheter chez Caroff au prix fort ou…

— Ou quoi?

— Ou ils viendront acheter chez nous. On leur fera même un tarif plus bas que chez Caroff.

— Caroff va être furieux! lança quelqu'un.

— C'est probable, concéda François.

— Le temps que ta machine arrive, il ne voudra plus nous vendre de glace et alors…

— Et alors, dit un autre, il n'y aura plus qu'à mettre la clé sous la porte.

— Il y a une autre solution, annonça François.

— Laquelle?

— C'est que, le temps que notre machine soit en position de fonctionner, j'irai chercher de la glace avec le camion à Quimper puisqu'à Douarnenez la glacière appartient également à Caroff et qu'il ne voudra certainement pas nous en vendre.

— Mais, tu l'as dit toi-même, si tu vas à Quimper, elle fondra en route, ta glace!

— Forcément un peu. Mais si on en prend une grosse quantité, il y aura moins de perte. On bâchera le camion et vous aurez quand même de la glace.

Le brouhaha se fit général, chacun discutant véhémentement avec ses voisins. François tapa avec une clé sur une bouteille, réclamant le silence.

— Cependant, n'oubliez pas qu'à ce moment je serai moi aussi en position dominante et je pourrai vous vendre au prix que je voudrai.

— C'est-à-dire profiter de la situation, dit une voix.

— On peut le dire comme ça, reconnut François. C'est d'ailleurs ce que fait Caroff. Et vous ne pourriez pas échapper, vous seriez obligés de passer par où je voudrais. Mais ce ne serait pas une situation saine. Il vaut bien mieux qu'il y ait une deuxième machine. D'ailleurs, le port est en pleine expansion, les bateaux sont de plus en plus nombreux. Bientôt ce n'est pas deux machines à glace qu'il faudra, mais dix, mais vingt!

— Il délire! fit Carduner en se levant.

Il montra François du doigt:

— Ce type a toujours eu la folie des grandeurs, ne l'écoutez pas. Les affaires marchent bien, il n'y a aucune raison de changer notre manière de faire...

— Je ne suis pas d'accord, dit quelqu'un, le progrès...

— Le progrès, répondit Carduner, tu vas voir où il va te mener le progrès, Charpentier. Quand Caroff saura que tu marches dans sa combine - il montrait François du doigt - tu vas voir...

Il se leva, bousculant sa chaise qui tomba, et quitta la salle dans un silence de plomb. Quelqu'un dit à mi-voix:

— Il va prévenir Caroff.

— De toute façon, dit François, ce rouquin de malheur aurait eu tôt ou tard connaissance de notre projet.

— Notre projet, dit Villieu en bousculant sa chaise, eh, je n'en suis pas! Tout ça c'est bien joli, mais j'ai des clients à servir, moi, je ne peux pas me permettre...

Il y eut une nouvelle bordée de sifflets et tout le monde se mit à parler en même temps.

François fit de nouveau tinter sa clé sur la bouteille :

— S'il vous plaît ! S'il vous plaît...

Le silence se fit et François précisa :

— Villieu est bien libre de ne pas être d'accord. S'il préfère payer sa glace vingt centimes le pain au lieu de deux ou trois, libre à lui.

— Je ne préfère pas, dit le vieux mareyeur véhément, mais je préfère la glace à vingt centimes que pas de glace du tout. Voilà ma position, messieurs. S'il vous plaît de vous laisser mener par ce blanc-bec, libre à vous, mais réfléchissez bien. Quatre mille cinq cents francs, ce n'est pas rien ! Avant de les récupérer par vingt sous...

Il ricana :

— Réfléchissez bien !

Dans la salle enfumée du café, la discussion se fit plus âpre. Finalement, une demi-douzaine de mareyeurs restèrent aux côtés de François et la discussion s'engagea sur la manière d'envisager l'affaire.

— Nous ne sommes plus que sept, dit François, donc il ne s'agit plus de quatre mille cinq cents francs la part, mais...

Il fit le calcul :

— ... De six mille quatre cent trente francs.

— Deux mille de plus, dit Charpentier. Ça donne à réfléchir...

La porte de la salle s'ouvrit avec fracas et un Caroff fit son entrée tel un taureau furieux. Il s'arrêta aussi vite qu'il était entré et beugla :

— Qu'est-ce que c'est que ces conneries ?

Carduner était sur ses talons, aussi menu et chafouin que Caroff était massif et sanguin.

François ironisa :

— Ne recule pas, Caroff, ou tu vas écraser le petit mouchard qui est derrière ton dos.

— C'est toi que je vais écraser, espèce de salopard, dit le gros homme en empoignant une chaise par le dossier.

— Oh non, tu ne le feras pas, répliqua François.

Caroff, toujours menaçant, le défia :

— Et qui m'en empêchera ?

— Ces messieurs, fit François en montrant les mareyeurs qui se trouvaient bien embarrassés d'être pris entre deux feux.

— Ces messieurs sont des témoins, précisa-t-il, et si tu levais la main sur un mutilé de guerre…

— Toi, un mutilé de guerre ?

— Oui Monsieur. Au cas où tu ne le saurais pas, je te signale que j'ai perdu un poumon dans le naufrage du *Triomphant* en 1917.

Il regarda Caroff d'un air narquois :

— Ça te la coupe, hein, gros planqué !

— Moi, planqué ? rugit de nouveau Caroff. Il avait pris la couleur d'un mur de brique et paraissait prêt à éclater.

— Si tu avais passé quatre ans dans les tranchées, tu ne serais pas gras comme un cochon, dit François. Lève seulement la main sur moi et je te fais foutre en prison !

Caroff retrouvait difficilement son souffle. Il comprit qu'il ne pourrait pas intimider François, alors il reporta ses menaces sur les autres mareyeurs.

— Vous… Vous… gronda-t-il d'un ton menaçant

en brandissant sur eux un index épais comme une saucisse, vous, si vous marchez dans ses combines, plus de glace, vous m'entendez, plus de glace!

Il chercha quelque chose de blessant à ajouter, mais ne trouvant rien, le souffle court, il haussa furieusement les épaules et sortit avec Carduner en claquant la porte.

— Voilà, conclut François, vous savez à quoi vous en tenir. Bien entendu, je n'attends pas vos réponses ce soir. C'est une affaire d'importance qui mérite qu'on y réfléchisse. Il n'y aura pas d'autre réunion à ce sujet. Ceux qui sont intéressés n'auront qu'à venir me voir discrètement chez moi, ainsi Caroff ne saura pas qui fait partie de la Société des Glacières du Guilvinec, car c'est ainsi que va se nommer notre société, messieurs. Seulement, sachez que seuls les dix premiers seront retenus. À vous de voir.

Il se leva.

— En attendant, continuez de vous approvisionner chez Caroff en laissant entendre que vous ne marchez pas avec moi. Ainsi vous n'aurez pas de problèmes. Moi, je m'occupe de tout, et quand la glacière nouvelle fonctionnera, ceux qui auront souscrit viendront s'approvisionner aux meilleures conditions.

Il redit:

— Mais souvenez-vous, nous ne serons que dix, les dix premiers.

Il rit, ce qui le fit soudain paraître plus jeune:

— Les autres aussi seront clients chez nous. Vous allez voir, le petit mouchard, ce bon Carduner, lui non plus ne manquera pas l'occasion d'acheter au moins cher.

Il sortit de la salle enfumée et respira avec bonheur l'air pur qui venait de la mer. Après l'atmosphère enfumée et les remugles de vin rouge du bistrot, il se sentait revivre. La mer était calme, les mâts des bateaux se découpaient sur le ciel clair. Les poings sur les hanches, il ne se lassait pas d'admirer ce spectacle, de humer ces odeurs d'enfance, la mer, le varech dont il avait autrefois bourré sa paillasse... Que d'événements s'étaient passés depuis... Presque à regret il fit demi-tour et se dirigea vers le hangar où il avait établi son magasin.

Depuis que le petit Francis était né, tante Anna Kerfriden lui avait cédé le premier étage de sa maison. Elle qui n'avait pas d'enfants s'était prise d'affection pour le petit Francis, qu'elle gardait lorsque Malou devait sortir. Car Malou sortait. Oh, elle n'allait pas loin, jusqu'au magasin où elle répondait au téléphone en l'absence de François, notait les commandes et ordonnait à Laurent Cariou, qui était maintenant devenu l'homme de confiance de François, d'aller chercher les crustacés au vivier.

La maison de tante Anna, comme tout le monde l'appelait, était confortable. Le jeune couple disposait d'une chambre et d'une cuisine avec les cabinets au fond du jardin.

François continuait d'aller régulièrement rendre visite à Mammig. Il lui apportait quelques billets qu'elle ne dépensait pas. Elle ne pouvait pas s'empêcher de lui reprocher :

— Tu es donc devenu bien riche pour jeter ainsi ton argent par les fenêtres !

— Ce que je te donne, disait-il en riant, je n'ai pas l'impression qu'il part par les fenêtres.

— Et tout ce que tu donnes aux enfants! Tu es en train de les pourrir!

François en effet donnait quelques pièces aux enfants du hameau. Il savait que cet argent retournerait dans l'escarcelle de leur mère et les aiderait ainsi à boucler un budget étriqué.

— Les pourrir! riait de nouveau François, il en faudrait plus.

Depuis son retour, le dernier fils de Mammig était devenu un dieu au village de Menez Groaz. Et Laurent Cariou, un des leurs, conduisait maintenant le camion des Établissements Carval. Quelle ascension sociale! Ils se prenaient à rêver que, peut-être un jour, eux aussi pourraient conduire des automobiles, travailler et devenir riches, c'est-à-dire manger à leur faim tous les jours.

***

Un à un, les mareyeurs, discrets comme des conspirateurs, vinrent voir François chez lui. Il les recevait autour de la table de cuisine et notait les noms de ceux qui souhaitaient investir dans une glacière. En moins d'une semaine il eut ses dix noms.

À ceux qui se présentèrent plus tard, il fit savoir que personne n'ayant été intéressé, il avait laissé tomber son projet. Ces propos rapportés à Caroff rassérénèrent le rouquin qui ne manqua pas d'abreuver François de sarcasmes chaque fois qu'il le croisait sur le quai. Provocations auxquelles François se gardait bien de répondre.

Vint enfin le moment où la société de Nantes débarqua pour installer la nouvelle machine. La

Société des Glacières du Guilvinec avait acheté entretemps un petit chantier de construction navale qui, se trouvant trop à l'étroit près du port, s'était transporté du côté de Léchiagat, au fond de la ria. C'est qu'on fabriquait de plus en plus de bateaux et que ceux-ci étaient de plus en plus grands.

Les baraques du chantier rasées, restait un terrain idéalement placé pour implanter la glacière.

Caroff, furieux, vint sur le chantier mais que pouvait-il faire ? Tout était parfaitement légal, la société dûment enregistrée et le gros mareyeur passa des nuits à se retourner sur sa couche en se demandant qui avait bien pu participer à l'entreprise.

Il comprenait qu'il avait été joué par François Carval et qu'il venait de perdre une des cartes maîtresses de son jeu.

Lorsque les premiers pains de glace sortirent du tunnel et que les charrettes des mareyeurs se présentèrent pour faire leur plein de glace à la moitié du prix qu'il leur consentait, il devint fou de rage et s'en fut invectiver ses ex-clients, ce qui n'était pas le meilleur moyen de les faire revenir.

Il ne récolta que des sourires ironiques, ce qui n'améliora pas son humeur. Mais il eut beau ruminer de féroces vengeances, il n'y pouvait plus rien.

Ainsi que l'avait prédit François Carval, même Carduner, son bon ami Carduner, s'approvisionnait maintenant à la Société des Glacières du Guilvinec.

Chapitre 20

François Carval pouvait maintenant expédier du poisson, pour la plus grande satisfaction de ses clients et la plus grande prospérité de son entreprise.

Il modernisa le hangar de tante Anna qui eut un sol cimenté, l'eau courante et l'électricité. C'était l'année où Marie-Louise mit au monde une petite fille qu'on prénomma Pierrette.

Comme tante Anna s'occupait des petits qui d'ailleurs passaient régulièrement leurs jeudis et leurs dimanches chez Mammig, à Menez Groaz, Malou, qui avait quitté l'entreprise Chancerelle dès son mariage pour travailler avec François, s'impliqua davantage dans la marche de l'entreprise.

Le commerce des crustacés roulait tout seul. La pêche était abondante, la demande ne l'était pas moins. Il subsistait cependant un inconvénient majeur: le vivier. Au fil du temps il s'était agrandi. Il ne s'agissait plus maintenant de mannes d'osier pendant à un canot, mais d'une véritable embarcation quasi sous-marine d'une dizaine de mètres de long sur six de large, avec une étrave, comme un vrai bateau mouillé à un corps-mort au milieu du port, à un endroit que les plus grandes marées ne découvraient jamais.

Cet étrange navire avait été construit par un charpentier de marine installé au fond du port sur les modèles des viviers utilisés à Douarnenez, à Audierne ou à Camaret, pour conserver les crustacés vivants.

Son pont de grosses planches de sapin passées au brai et au coaltar affleurait l'eau. Ce navire était conçu comme un iceberg : sa partie la plus importante était immergée. Son étrave lui permettait d'éviter, c'est-à-dire de changer d'orientation et de prendre le sens du courant à la renverse de marée.

Dans ses flancs à claire-voie constamment immergés, des centaines de homards, de langoustes, d'araignées ou de tourteaux captifs attendaient leur heure.

On accédait à cette manne par des trappes soigneusement cadenassées ménagées dans le pont du vivier.

Cependant, comme tout ce qui flotte, ces installations étaient au péril du temps. Lorsque les vents soufflaient de nord-ouest, le port était ouvert aux vagues venant du large et le lourd esquif tirait alors très fort sur sa chaîne.

Et puis il fallait prendre un canot pour aller chercher les pièces à expédier. C'était Laurent Cariou qui se chargeait de cette tâche. Par temps calme, l'affaire était relativement aisée, encore que les crustacés ne se laissaient pas facilement prendre dans le haveneau du jeune homme, mais lorsque le vent soufflait, la corvée tournait au cauchemar.

À plusieurs reprises, le gros bateau rompant sa chaîne était venu s'échouer au fond du port. Des planches s'étaient brisées, des centaines de langoustes et de homards avaient repris leur liberté. Outre les frais pour remettre le vivier en état, la perte était lourde.

De plus, l'été, lorsque les usines tournaient nuit et jour, les crustacés mouraient par centaines. Les conserveries déversaient sans précautions aucunes leurs eaux usées dans le port. Ces rejets souillaient irrémédiablement les eaux et les marées n'arrivaient plus à évacuer ces rejets. À cette époque, on ne connaissait même pas le mot pollution. Tout allait à la mer, et si Carval n'était pas content car ses crustacés crevaient, il n'avait qu'à placer son vivier ailleurs.

Ailleurs, certes, mais où? Plus au large, en mer, hors de l'abri du môle? Il n'y fallait pas songer. Le vivier aurait été en première ligne pour essuyer les coups de temps et hors de vue du port, il n'aurait pas manqué - cadenas ou pas - d'être pillé.

François avait vu, à Concarneau, les installations directement taillées dans le roc, que la marée couvrait et découvrait deux fois par jour. Mais la baie de Concarneau n'était pas, comme Le Guilvinec, en première ligne face aux houles de l'Atlantique. Elle était protégée des vents dominants et les coups de temps ne s'y faisaient sentir que de façon fort atténuée.

Ces dispositions ne pouvaient être reproduites au Guilvinec qu'à l'entrée du port, suffisamment à l'écart des rejets des usines. Plus loin la dune sableuse ne se prêtait pas à de telles constructions.

Or les terrains situés à l'entrée du port appartenaient à Caroff et ce maudit Douarneniste, pour concurrencer François Carval sur le marché des crustacés, avait fait entreprendre la construction d'un vivier en dur. Une solide maçonnerie retenait l'eau à marée haute et des vannes permettaient la vidange à marée basse quand il en était besoin.

Le gros mareyeur pouvait donc acheter tous les crustacés dont il avait besoin pour son commerce. Tempête ou pas, il ne risquait rien.

François Carval ne pouvait pas lutter dans ces conditions ; limité par la taille de ses viviers flottants et par les aléas suspendus au-dessus de sa tête comme une épée de Damoclès, il était également limité dans ses achats.

Aux périodes d'abondance, il ne pouvait absorber toute la production des pêcheurs de crustacés et ils devaient alors vendre le surplus à Caroff.

Celui-ci, avec son impressionnante installation, pouvait se permettre d'absorber tous les apports, mais au prix qui lui convenait. Les pêcheurs s'étant plaints, il leur mit le marché en main : s'ils voulaient des cours plus avantageux, il exigeait toute la pêche. Personne ne devrait alimenter le magasin de François Carval.

Les malheureux, indépendamment des liens d'amitié qui les liaient à François, n'avaient pas le choix.

À part quelques petits pêcheurs fidèles, le gros de la production du Guilvinec passa dans le giron de Caroff. La maison Carval devait impérativement trouver un moyen d'acheter et de stocker un plus grand nombre de crustacés.

François eut alors l'idée de construire, sur la dune, des bassins qu'il remplirait d'eau de mer au gré de ses besoins. Comment les remplirait-il ? Mais avec des pompes à moteur, tout simplement. Ainsi les crustacés ne risqueraient pas d'être emportés dans leur vivier flottant, ils ne risqueraient pas non plus d'être volés et ils seraient accessibles en tous temps. Pour contrer Caroff, on ferait autant de bassins qu'il faudrait. Restait à trouver le terrain.

Or, entre Le Guilvinec et le village de Kérity, se trouve une longue plage de sable fin bordée d'une dune rase et ventée, sur laquelle pas une personne sensée ne s'était jusque-là avisée de venir planter son gîte.

En effet, en arrière de cette dune s'étendait un insondable marais qui l'isolait de l'arrière-pays.

François s'en fut à la mairie pour voir dans quelles conditions il pourrait éventuellement y réaliser son projet. Ses adversaires, au premier rang desquels on ne s'étonnait pas de trouver Caroff, virent là une occasion de ruiner cet ambitieux qui troublait le jeu des gens en place.

Il voulait construire sur la palud ? Grand bien lui fasse ! Le maire lui donnait sa bénédiction, et aussi ce terrain impropre à toute culture dont personne ne voulait. Cette terre n'était la propriété de personne et personne ne la convoitait. Il suffisait, pour se l'approprier, de la faire borner et de l'enregistrer aux services du cadastre.

À la belle saison, quelques promeneurs s'égaraient parfois sur cette presqu'île, paradis des oiseaux de mer, à laquelle on n'accédait que par un étroit sentier sableux, perdu dans les oyats et les chardons bleus.

En hiver c'était une tout autre affaire. Lorsque la mer s'enflait en ses colères d'automne, elle montait furieusement à l'assaut du fragile cordon de sable, accompagnée par la clameur et les hurlements du noroît.

Cette palud devenait alors une terre de solitude et de désolation. À la nuit tombée, perdue sous la brume qui l'enveloppait de son suaire glacé, elle n'était plus que le royaume de l'angoisse et des peurs ancestrales.

Jusque-là personne n'avait souhaité s'approprier un endroit aussi déshérité.

Aussi quand François Carval entreprit des démarches d'acquisition auprès de l'administration s'attira-t-il quelques sarcasmes apitoyés. Certains y virent la preuve que cet homme n'avait pas toute sa raison.

Bravant les railleurs, François prit rendez-vous avec le responsable du bureau cadastral de Pont-l'Abbé qui le reçut avec une affabilité trop ostentatoire pour ne pas contenir son lot d'ironie.

— Monsieur le maire m'a fait part de votre désir d'obtenir un terrain sur la palud du Guilvinec…

— En effet, dit François.

— Quelle superficie voulez-vous? demanda le commis avec une politesse outrée tandis que ses deux gratte-papier riaient sous cape.

François fit mine de ne rien voir de cette ironie à peine voilée.

— Une centaine de mètres, avec accès sur la mer.

— Sans doute voulez-vous dire un carré de cent mètres sur cent?

— Aussi bien, dit François en haussant les épaules.

— Cent mètres sur cent, répéta le commis en regardant François, ça nous ferait donc un hectare.

— Sans doute… Combien cela coûtera-t-il?

— L'Administration se propose de vous le céder au franc symbolique, dit le préposé. Cependant il vous faudra acquitter les frais d'enregistrement.

François s'inquiéta :

— Ça coûte cher ?

— Ça coûte, ça coûte, dit l'autre agacé. Tout coûte de nos jours, mon ami. Vous verrez bien.

— Tant qu'à faire, gloussa un commis d'un air malin, tu devrais prendre toute la dune, François Carval, l'enregistrement ne te coûtera pas plus.

Et un autre ajouta :

— Tu vas te lancer dans l'agriculture ?

C'était un nommé Pierre Inizan, fils unique d'une pauvre veuve qui s'était saignée aux quatre veines pour que son petit Pierre ait de l'instruction.

Boiteux, un peu bossu, court de taille, en un mot trop contrefait pour aller en mer, Perrik Cam*, tel était son surnom, avait trouvé un emploi de commis aux écritures à la mairie, puis aux services du cadastre. Cette position « dans les bureaux » l'avait rendu prétentieux et même arrogant.

Ayant été en son enfance victime des sarcasmes et de la cruauté des autres enfants, il en avait gardé une rancœur qui le poussait à la méchanceté. Et, comme il avait de l'esprit, il ratait rarement sa cible.

— Je ne suis pas cultivateur, dit François. D'ailleurs, vous le savez bien, rien ne pousse là-dedans !

Il vouvoyait son interlocuteur, qui était pourtant son cadet de dix ans, en signe de sa soumission à l'autorité que l'autre incarnait.

— Si, si, les carottes, insista l'autre fier de son esprit.

François eut alors un éclair de génie :

— Alors, dit-il en prenant son air le plus benêt, si les carottes y poussent, je veux bien.

Et il ajouta niaisement :

* *Petit Pierre le boiteux.*

— Pour vos bons conseils, je vous donnerai un litre de vin à chacun.

Le boiteux eut un sourire triomphal. Cet imbécile était tombé dans le piège qu'il lui avait tendu. Il se frotta les mains avec onction :

— C'est dit, la palud de Men Meur est donc attribuée à monsieur François Carval de Menez Groaz.

Il leva des yeux rusés sur François en lui tendant la plume :

— C'est bien à Menez Groaz que tu demeures ?

— Non, maintenant je suis au bourg.

— Tu n'as pas fait ton changement de domicile, fit l'autre, pour moi tu es toujours à Menez Groaz.

— Ah bon ! dit François qui ignorait les subtilités de l'administration.

Le boiteux l'interrompit :

— Ce qui compte, c'est ton adresse à la signature de l'acte.

Il pointa un doigt sur le registre :

— Tiens, signe ici !

François s'exécuta et posa le porte-plume que le boiteux reprit en ajoutant :

— Et n'oublie pas le vin rouge !

Les deux autres commis éclatèrent d'un gros rire et redirent :

— Non, n'oublie pas le vin rouge !

François bien sûr n'eut garde d'oublier. Ainsi, pour quelques francs et trois litres de mauvais vin, François se rendit propriétaire de cinq kilomètres de dune en front de mer.

Les gens rirent de sa naïveté, un terrain où rien ne poussait n'était-il pas toujours trop cher ? Et puis on oublia l'affaire.

Avant tout, il fallut remblayer la dune pour faire un chemin accessible au camion qui, sans cela, se serait enlisé. Ce ne fut pas une mince affaire. Les paysans d'alentour apportèrent des chargements de cailloux qu'ils récupéraient lorsqu'ils épierraient leurs champs, et dont ils ne savaient que faire.

François fit alors construire un hangar par les charpentiers d'un chantier naval, une construction toute en planches à clins passées au black* comme les coques des bateaux et couverte de tôles ondulées.

À l'intérieur, deux grands bacs cimentés se remplissaient d'eau à marée haute à l'aide d'une pompe à moteur.

Louis Pouliquen, qui avait fini son temps dans la Marine nationale, fut nommé gardien des lieux. On lui aménagea à l'arrière de la bâtisse une pièce pourvue d'un poêle, et cet habitat rustique parut convenir parfaitement à l'ancien maître de la Marine nationale.

Il est vrai qu'auprès du baraquement pourri dans lequel la Marine l'avait logé à Brest au dépôt des matériels, c'était presque luxueux.

Cet emploi solitaire convenait parfaitement à l'ancien maître de la Royale. Pouliquen, homme du nord Finistère, n'était guère dépaysé par l'environnement ni par l'isolement.

Peu disert, voire même misanthrope depuis que sa promise avait épousé, en son absence pour cause de guerre, un riche fermier du Léon qui avait réussi à se planquer à l'arrière du front, Pouliquen fuyait la compagnie de ses semblables et se complaisait dans une solitude seulement agrémentée de la compagnie d'un épagneul breton avec lequel il allait traquer le canard sauvage dans les marais.

* *Coaltar.*

En bon paysan léonard, il entreprit également de planter des arbres au long du marais, ce qui fit bien rire… Des arbres sur la palud de Men Meur, décidément ce François Carval avait de drôles de fréquentations.

Ces considérations narquoises ne troublaient pas Louis Pouliquen. Les seuls Bigoudens qu'il fréquentait étaient François Carval et son commis Laurent Cariou.

Pour le reste, il veillait à ce que l'eau de mer soit changée régulièrement dans les bassins et il préparait avec une attention scrupuleuse les commandes que le petit commis, lui portait à bicyclette.

Car François avait payé une bicyclette au garçon. Ce luxe inouï faisait des envieux et Laurent, qui était maintenant un garçon de quinze ans, fort comme un homme, paradait sur son *marc'h houarn**.

En fin de matinée le camion passait charger les caisses et les convoyait jusqu'à Quimper.

Ainsi se passaient les journées : François se rendait au débarquement du poisson et des crustacés, faisait les achats que les équipages portaient jusqu'à son magasin sur des charrettes à bras.

C'était un marché de gré à gré. Le mareyeur et le marin discutaient les prix et, lorsqu'ils tombaient d'accord, ils se tapaient dans la main et l'affaire était faite.

Malou réceptionnait la marchandise, la pesait, établissait les bons afin que les équipages touchent leur argent en fin de semaine, puis, aidée par Laurent, elle mettait les commandes en caisse, sur des lits de goémon ou de fougère, les étiquetait et il ne restait plus qu'à charger le camion et à livrer la marchandise à la gare de Quimper.

* *Littéralement « cheval de fer », nom que donnaient les Bretons au début du siècle à la bicyclette.*

Tante Anna, grand-mère de substitution, s'occupait des deux enfants et préparait la soupe pour les époux lorsqu'ils revenaient exténués de leur dure journée de labeur.

François surtout peinait. Son poumon endommagé le faisait souffrir. Travailler ainsi dans le froid, dans l'humidité et les courants d'air ne lui valait rien. Le médecin l'avait prévenu :

— Vous ne ferez pas ce métier longtemps, François Carval ! Vous jouez avec votre santé, ménagez-vous !

Il avait également prévenu Malou :

— Votre mari devra lever le pied, ou alors, gare !

Malou s'était inquiétée auprès de François qui était de plus en plus souvent secoué de quintes de toux interminables jusqu'à avoir du mal à reprendre son souffle.

— François, ce n'est pas raisonnable…

Alors il s'emportait :

— Qu'est-ce qui n'est pas raisonnable ? Qu'est-ce qu'il veut, ce médecin du diable, je ne peux pas vivre de mes rentes, moi !

Elle tentait de le calmer :

— Non, mais tu pourrais rester ici, prendre les commandes et t'occuper de l'expédition.

— Et qui ira au quai ?

— Moi ! dit-elle avec assurance. Que ce soit toi ou moi qui achète, quelle importance ? Il y a de la marchandise pour tout le monde !

Et, de fait, il n'y avait jamais eu une telle abondance de poisson. La sardine, qui s'était faite capricieuse au début du siècle, était revenue en bancs serrés, tels que, de mémoire de marin, on ne se souvenait pas d'en avoir tant vu.

Quatre ans de guerre pendant lesquels les hommes avaient été plus occupés à s'entretuer qu'à pêcher avaient permis aux poissons et aux crustacés de se reproduire en paix.

Six usines tournaient régulièrement au Guilvinec, employant trois cent soixante femmes de jour comme de nuit quand la pêche donnait et quand les apports de sardines et de maquereaux étaient abondants.

***

Cédant aux injonctions conjuguées de sa femme et de son médecin, François Carval restait désormais s'occuper du magasin de marée, des commandes et des expéditions.

Laurent avait appris à conduire le camion et le train était arrivé à Pont-l'Abbé. Il pouvait désormais assurer le transport du poisson jusqu'à la gare qui n'était plus distante que d'une douzaine de kilomètres.

Le Guilvinec était devenu un port à l'activité débordante. Attirés par l'appât d'un gain plus facile qu'à la terre, les ouvriers agricoles et commis de ferme des campagnes environnantes se faisaient marins, ouvriers d'usine, charpentiers de marine, charroyeurs.

Ce hameau qui ne comptait pas cent habitants en 1850 en abritait près de quatre mille soixante ans plus tard.

On y avait construit une jetée, des quais pour faciliter le débarquement de la pêche.

L'été voyait débarquer tout un peuple de marins venus de Douarnenez sur leurs chaloupes pour suivre la migration des bancs de maquereaux. Ils arrivaient avec leurs familles, armes et bagages, même leurs cabaretiers les suivaient, peu disposés à laisser filer une si bonne clientèle.

Pour François Carval et sa petite famille, les affaires marchaient plutôt bien. Mais François n'était pas homme à se contenter d'une routine, si rassurante fût-elle. Toutes ces usines qui fumaient nuit et jour autour de son entrepôt lui donnaient des idées. Les Chancerelle, Moreau et Bachelet, Soymié, dont les propriétaires étaient à Nantes ou à Paris, faisaient des fortunes en mettant sardine et maquereau en boîte. Pourquoi lui, François Carval, n'en ferait-il pas autant?

Il en discuta avec Malou, elle avait travaillé en usine, elle saurait le conseiller. Mais Malou était réticente.

— Les machines coûtent cher, disait-elle.

Et François répliquait:

— Oui, mais elles rapportent gros.

— Et les années où il n'y a pas de sardines? demandait-elle.

Car on avait connu la disette quelques années avant la guerre. Les sardines avaient disparu de la mer. Mystérieusement.

On avait accusé au hasard les goémoniers qui brûlaient le varech aux Glénan, les premiers canots à moteur qui auraient effrayé le poisson, la mauvaise rogue vendue par des négociants peu scrupuleux... Bien malin qui eût connu la vérité.

Et puis la sardine, poisson capricieux, était revenue pour disparaître encore. Cependant la demande de conserves de sardines était importante et cette idée de devenir usinier lui aussi trottait dans la tête de François Carval.

Il fit quelques voyages à Nantes pour s'informer du prix de ces équipements et s'en revint dépité. Son petit négoce avait beau être prospère, ces belles machines n'étaient pas encore pour sa bourse.

En 1924, un mouvement social d'une ampleur sans précédent partit de Douarnenez. Les ouvrières réclamaient une augmentation de salaire et s'étaient mises en grève. Il y avait eu des violences, les gardes mobiles avaient chargé contre ces femmes et, à l'Hôtel de France, Le Flanchec, le maire emblématique de Douarnenez, avait été victime d'un attentat : des mauvais garçons venus de Paris, stipendiés par les patrons usiniers, avaient tenté de l'assassiner. Il avait eu la gorge percée d'une balle de revolver. Des usines avaient été mises à sac par les ouvriers en colère et, pendant de longues semaines, il avait régné sur toute la côte une situation insurrectionnelle telle que la troupe avait dû intervenir.

Finalement, les ouvrières de la mer avaient obtenu les cinq sous par jour qu'elles réclamaient et avaient repris en triomphatrices le chemin des ateliers où, désormais, elles pouvaient chanter l'hymne des sardinières sans craindre la mise à pied.

Et quand les fritures fumaient, imprégnant toute la ville d'odeurs de sardines grillées, on entendait les couplets séditieux s'échapper comme un défi aux patrons par les fenêtres des usines :

Saluez, riches heureux
Ces pauvres en haillons
Saluez ce sont eux,
Qui gagnent vos millions.

Les assurances des usiniers avaient remboursé la casse; ils avaient ainsi pu renouveler leur matériel à bon compte.

Les machines endommagées avaient été mises à la casse et François Carval s'était proposé pour les racheter au prix de la ferraille, comme il l'avait fait avec son camion.

Toujours sous les sarcasmes, il avait ramené ces étuves, sertisseuses et autres appareils mystérieux dans son local du port où son ingéniosité de mécanicien lui avait permis de les remettre en état au prix d'un labeur obstiné.

La mise en route de son grand projet pouvait démarrer.

Chapitre 21

La langoustine avait commencé à être pêchée peu avant la Grande Guerre. Les marins en ramenaient parfois dans leurs filets dormants, captures accessoires peu prisées, qui finissaient le plus souvent dans la marmite du pêcheur ou dans le panier des indigents.

On le sait, les novateurs, dans quelque domaine que ce soit, sont souvent raillés par des confrères endormis dans la rassurante routine de métiers séculaires.

La corporation des pêcheurs n'échappait pas à cette règle et ceux qui s'essayaient à de nouvelles techniques s'exposaient aux sarcasmes de leurs confrères.

La pêche est un milieu de tradition où l'esprit d'innovation - surtout à cette époque - n'était pas toujours bien vu. La plupart des marins faisaient le métier de leur père, comme ils l'avaient appris à grand renfort de taloches et de coups de pied aux fesses, sans trop chercher à trouver de nouvelles manières de faire.

Tel faisait le métier de la sardine parce que son père l'avait pratiqué avant lui, et avant encore, le père de son père. On commençait comme petit mousse à douze ans, puis on devenait le matelot du père en apprenant le métier. Et lorsque le vieux prenait ses invalides, on devenait patron à son tour. C'était l'ordre des choses.

D'autres traquaient le maquereau ou le lieu en traînant leurs lignes. D'autres encore posaient casiers à crabes, à homards, à crevettes ou des palangres pour prendre du congre, de la raie, de la julienne, comme ils avaient toujours vu faire.

Émile Tirilly, surnommé par dérision « Milig Penn Brell », n'était pas de ceux-là. Dans un pays où l'on rebaptisait volontiers les gens en fonction d'un penchant, d'une caractéristique physique, d'un trait de caractère, son goût de la fantaisie, son mépris souverain des critiques n'avaient pas tardé à lui valoir le surnom de *Penn Brell*.* Par désir de provocation, il avait donné son sobriquet à son bateau.

Milig était un homme sans âge, un peu bossu, beaucoup boiteux, qui se consolait de ses infirmités en pensant qu'elles lui avaient évité d'aller se faire tuer à la guerre.

Combien en avait-il connu, de gaillards vigoureux, fiers de leur force, fiers d'être conscrits, fiers d'être « bons pour le service ».

Parmi ceux qui étaient revenus du grand massacre, combien de mutilés, combien de jambes de bois, combien de manches vides tenues par une épingle de nourrice, combien de cannes blanches et de gueules cassées qui faisaient peur aux petits enfants…

Les autres avaient leur nom gravé sur l'ardoise du monument aux morts et ne reposaient même pas dans la terre de leurs ancêtres.

Émile Tirilly pensait qu'il valait mieux avoir deux jambes, fussent-elles torses, que pas de jambes du

* *Penn Brell, tête folle.*

tout, et une bosse dans le dos plutôt qu'un trou dans la poitrine ou un bras manquant.

Après la grande saignée, il avait épousé une petite ouvrière qui boitait elle aussi, et il s'en trouvait parfaitement heureux. D'ailleurs, comme on n'a guère à beaucoup marcher sur un canot de six mètres de long, sa jambe courte ne l'empêchait pas de naviguer ni d'être aussi bon pêcheur et aussi dur à la tâche que ceux qui filaient droit.

On le savait d'humeur fantasque ; prompt à la plaisanterie, il passait pour avoir la langue bien pendue et il était difficile d'avoir le dernier mot avec lui.

Il avait aussi un art de mettre les rieurs de son côté et de tourner en ridicule des gaillards qui n'avaient que la force physique comme argument. Mais pouvait-on décemment utiliser la force physique contre un être aussi contrefait ? Non, n'est-ce pas ?

Alors les grandes gueules l'évitaient ; elles se contentaient de railler ses inventions.

Car Milig Penn Brell était toujours en quête d'innovations qui, le plus souvent, lui coûtaient cher en s'avérant désastreuses ; ne venait-il pas d'imaginer de traîner un filet au fond de la mer avec son canot à misaine ?

— À Boulogne, à Lorient, ils font ainsi, disait-il à ceux qui se moquaient.

Sans le savoir, Milig Penn Brell venait d'inaugurer le début du chalutage sur les côtes de Bretagne.

Certes, ce mode de pêche existait depuis le début du siècle en Mer du Nord mais traîner un chalut sur les fonds nécessitait une puissance motrice que seuls de gros navires pourvus de puissantes machines à vapeur pouvaient produire.

Ces grands chalutiers restaient l'apanage des sociétés d'armement assez riches pour pouvoir investir dans leur construction. Après Boulogne-sur-Mer, Lorient développait son activité dans cette direction que les ports bigoudens, faute d'investisseurs, n'avaient pas la capacité à suivre.

Mais Boulogne et Lorient étaient de grands ports et les bateaux qui se livraient à cette pêche étaient de puissants chalutiers à vapeur, hors de proportion avec le canot à misaine d'Émile Tirilly.

Qu'importe, Milig s'entêtait. Il avait muni son canot de perches de châtaignier et traînait derrière son embarcation un filet lesté qui, tant bien que mal et plutôt mal que bien, raclait le fond, tiré par sa voile au tiers de son canot.

Le plus souvent il ramenait des cailloux, mais les quolibets ne le décourageaient pas. Lorsqu'il trouva d'autres zones de pêche en tâtonnant, et qu'il se mit à rapporter des soles, des turbots et des rougets en abondance, les moqueurs cessèrent de se moquer.

Un des seuls hommes du port qui n'avait pas brocardé le boiteux était François Carval. Le mareyeur avait senti que ce petit homme contrefait était plus malin que ceux qui le raillaient et avait considéré cet essai avec attention.

D'un autre côté, Milig avait été séduit par ce François Carval qui bousculait les traditions, son camion pour transporter le poisson en était la preuve.

Son idée de faire une société de production de glace connaissait un succès sans précédent et, autre raison d'admirer François Carval, cette implantation nouvelle contrariait fort Caroff, ce rouquin malhonnête qui cherchait toujours à tricher sur les poids.

Et puis, pensait-il, un homme qui n'avait pas hésité à montrer ses fesses au comte de Montmoreau ne saurait être totalement mauvais.

On savait aussi que Carval avait osé tenir tête l'arme à la main à une demi-douzaine de ces cochers avinés qui semaient la terreur sur leur passage. Il ne manquait donc ni de courage ni de panache car cette corporation de brutes était justement redoutée de tous.

Lorsqu'ils lançaient leurs charrettes chargées au grand galop sur le chemin de Pont-l'Abbé, la vie d'un vieillard, d'un enfant et, à plus forte raison d'une vache ou d'un cochon, ne pesait pas bien lourd.

Le panache, voilà ce que Milig aimait.

Sa pauvre mère, pressentant la vie difficile qui attendait un garçon aussi contrefait, l'avait poussé à devenir prêtre.

Milig avait appris à lire, à écrire et à compter auprès du recteur de la paroisse, un homme bienveillant qui l'avait frotté d'un peu de latin de presbytère avant de le présenter au petit séminaire de Pont-Croix.

Mais juste avant d'enfiler la soutane, Milig avait découvert l'amour dans les bras d'une petite boiteuse fort disgraciée elle aussi, à qui - au grand désespoir et à la grande honte de sa mère - il avait fait un enfant.

Cet enfant avait été prénommé Émile comme son père, et, pour le distinguer de son géniteur, on avait ajouté « *bihan* » à son prénom. Milig Bihan, petit Émile, avait maintenant un petit frère et deux petites sœurs qui, en dépit des mauvais oracles des commères, marchaient droit, ce qui était, quand on y pense, assez logique quand on a un père qui claudique à droite et une mère à gauche. Comme en plus ces marmots étaient bien endentés, il fallait faire bouillir la marmite et Milig Bihan s'était tout naturellement embarqué à douze ans avec son père, comme ça se faisait alors.

Dans sa masure couverte de mauvais chaume, Émile Tirilly avait un livre, un gros livre à la couverture de carton qu'un vieux prêtre, celui-là même qui avait encouragé son éphémère vocation, lui avait donné. Ce livre avait pour titre *Les Trois Mousquetaires* et pour auteur Alexandre Dumas. C'était le plus beau livre que Milig eût jamais lu. Pour tout dire, il n'avait guère eu l'occasion d'en lire beaucoup. Mais il le trouvait bien plus passionnant que l'autre livre de sa bibliothèque, *La Vie des Saints*, qu'il avait en breton. Celui-ci était en français et c'était son trésor ; les soirs d'hiver il le lisait au coin du feu, à la lueur fuligineuse d'une chandelle, les dimanches d'été il le relisait sous le soleil, assis sur le banc de pierre, sous le figuier, devant sa porte.

Cette occupation lui prenait beaucoup de temps car il ne lisait pas vite, mais il n'était pas pressé. Il suivait les lignes d'un index épais et découpait les mots en syllabes en les ânonnant à mi-voix. Parfois il restait songeur, hochant la tête devant les extraordinaires exploits de d'Artagnan et de ses compagnons. Ses voisins ironisaient en le voyant ainsi : « Milig est encore parti dans la lune ! » Sa femme le défendait ardemment : « C'est mieux que d'aller au bistrot ! »

Lorsque Milig avait lu la dernière page du gros volume, il recommençait à la page une, si bien qu'il connaissait des passages entiers de l'ouvrage par cœur. Alors, merveilleux comédien, il les racontait aux enfants qui se regroupaient autour de lui et qui, ensuite, se taillaient des épées de bois pour jouer aux mousquetaires.

Souvent le marin diforme songeait qu'il aurait bien aimé être mousquetaire lui aussi. Le panache de d'Artagnan le subjuguait, il enviait la noblesse d'Athos, la force de Porthos, la finesse d'Aramis.

Personne n'avait songé à lui offrir *Le Bossu*, et c'était bien dommage car il en eût été comblé d'aise et se serait facilement identifié au héros littéraire de Paul Féval.

La nouvelle de la traversée, en caleçon, de la salle de réception du château de Langoz par François Carval avait bien entendu fait le tour du pays. On en fit des gorges chaudes, tant et si bien que, de déformations en déformations, l'affaire avait pris des dimensions épiques.

Chacun avait son idée sur la question : d'aucuns trouvaient qu'en se baladant en si simple appareil dans un château, François Carval s'était à jamais couvert de ridicule.

D'autres avaient admiré. Milig était de ceux-là qui trouvèrent formidable cet exploit et qui, de ce jour, virent dans la personne du mareyeur une réincarnation moderne d'un mousquetaire sans peur et sans reproche n'hésitant pas à affronter les grands de ce monde, une sorte de d'Artagnan défiant l'homme de Meung.

Il aurait bien aimé être capable de tels gestes fous, mais voilà, il n'avait jamais été en situation, et quand bien même l'eût-il été, en aurait-il eu l'idée ? Et s'il en avait eu l'idée, en aurait-il eu le courage ?

Que de questions qui se tournaient et se retournaient dans sa tête sans trouver de réponses…

Lorsqu'il rapportait sa pêche à la cale, il distribuait les langoustines - puisque personne ne voulait les acheter - aux nécessiteux qui se pressaient à la débarque. C'est par lui que François Carval avait appris l'abondance de ces petits crustacés dans les parages immédiats du port. Il lui avait proposé de les lui acheter.

— M'acheter des langoustines? s'était exclamé Milig Tirilly. Tu es tombé sur la tête François Carval? Prends ta godaille*, je te la donne.

— Merci, avait dit François, je suis encore capable d'acheter ce que je mange!

— *Marc'h orgouilh*!** avait grommelé le bossu dans sa barbe de trois jours. Ces gueux de la palud, qui peinaient à nourrir leurs gosses, étaient plus fiers que des conquistadors. Il avait ajouté pour lui-même:

— Celui-là n'est pas bigouden pour rien!

Puis il avait considéré le mareyeur avec attention pour voir s'il ne plaisantait pas et avait ajouté:

— Personne n'achète de langoustines! Qu'est-ce que tu feras avec?

François avait regardé autour de lui la foule qui se pressait sur la cale et avait dit laconiquement:

— Quand tu auras fini, viens donc jusqu'à la maison, je t'expliquerai.

Intrigué, Milig, après avoir donné ses instructions à Ambroise Cossec, son neveu qui faisait office de second, pour parer le canot en vue de la marée du lendemain, avait suivi François jusqu'à la cabine vitrée que le mareyeur s'était aménagée en guise de bureau au fond de son magasin.

** Godaille: part de poisson qui revient au marin pour sa consommation personnelle.*

*** Cheval orgueilleux!*

Le mareyeur lui avait montré une chaise :

— Assieds-toi…

Puis il avait fermé la porte et s'était assis à son tour derrière sa table de bois blanc sur laquelle reposait l'appareil téléphonique. Il avait sorti une bouteille de vin, deux verres et fait le service.

Les deux hommes avaient trinqué, échangeant des considérations sur le temps, la pêche, car il était hors de question qu'on en vînt aux faits comme ça, tout à trac. Il y avait des usages à respecter. Après les digressions nécessaires aux bonnes manières, François avait abordé le sujet qui le préoccupait :

— Milig, est-ce que tu pourrais pêcher beaucoup de langoustines ?

Et, devant l'air ahuri de Milig, il avait ajouté :

— Si on te les payait un bon prix, par exemple.

— Ma ! avait dit Milig, de la langoustine il n'y a qu'à prendre ! Tant qu'on veut !

— Tu es sûr ?

— Sûr que je suis, oui ! J'ai une caisse à bord, avec une vitre au fond pour pêcher à la foëne…

François connaissait ce genre de pêche pour l'avoir souvent pratiquée. Le verre permet de voir le fond de la mer et le pêcheur, armé d'un trident appelé « foëne » emmanché sur une perche de bois, peut ainsi harponner les espèces de fond, soles, turbots, raies.

Il dit, en plissant les yeux d'un air malin :

— Il y a des endroits, mon vieux Fañch, on dirait des fourmilières, avec des *grilhed sabl** qui grouillent sur le fond à la place des fourmis.

— Je n'en ai jamais vu, dit François.

— C'est parce que tu n'as pas bien regardé, assura Milig, elles ont presque la couleur du sable et quand

* Grillons des sables, *dénomination de la langoustine en breton.*

elles sont dans l'herbier*, tu peux passer cent fois dessus sans les voir. Et puis il y a des fois, ça dépend du temps, de la marée. Si la mer travaille, on ne voit plus rien, on dirait qu'elles rentrent dans des terriers comme les grillons dans leurs trous. Et il poursuivait de sa grosse voix un peu rauque :

— Sûr que si on va chercher que ça, il y aurait qu'à charger le bateau !

Et il redemandait, curieux :

— Mais qu'est-ce que tu appelles un bon prix ?

— Deux francs le kilo…

— Deux francs le kilo ? répéta Milig. Toutes comme elles viennent ?

— Toutes comme elles viennent.

— Et qu'est-ce que tu feras avec ?

François le regarda en souriant :

— C'est mon affaire, lui dit-il.

Milig se rembrunit :

— Tu n'as pas confiance ?

À coup sûr, il considérait cette réponse comme un affront. La confiance, tout était dans la confiance. Dans ce pays, on ne mettait pas son nom au bas d'un contrat comme lorsqu'on passe devant monsieur le maire avec sa promise, non. On se tapait dans la main et ça valait toutes les signatures du monde. Si Carval rechignait à le mettre dans sa confidence, qu'est-ce qui disait qu'il honorerait son engagement de payer les langoustines deux francs du kilo ?

François sentit que l'atmosphère venait soudain de changer dans la petite cabine vitrée. À la franche cordialité de l'instant d'avant succédait soudain une sorte de gêne. Il comprit qu'il n'y avait qu'un moyen de l'évacuer.

* *Partie des fonds sous-marins où poussent de petites algues vertes comme de l'herbe.*

Se penchant vers le bossu, il le prit par le revers de sa vareuse rapiécée encore raide de sel et, les yeux dans les yeux, lui dit sur le ton du secret :

— À tout autre que toi je ne dirais rien, Milig. Mais puisque nous allons être en quelque sorte associés dans cette affaire, tu as le droit de savoir.

Milig respira mieux. Ce mot, « associé », lui fit chaud au cœur. Son visage buriné, mal rasé, s'éclaira d'un bon sourire. Carval ne lui mesurait pas sa confiance et ça, c'était le plus important.

À son tour, il saisit l'avant-bras de François Carval et leurs visages ne furent plus qu'à vingt centimètres l'un de l'autre.

— Je sais garder un secret, François Carval ! Sur Notre-Dame de la Joie qui nous regarde, je te donne ma parole que personne ne saura ce qui s'est dit ici.

L'engagement était d'importance, Milig Penn Brell avait de la religion, et un engagement sur Notre-Dame de la Joie n'était pas anodin !

— Je te crois, Milig, dit François gravement. Eh bien, ces langoustines, je vais les mettre en conserve ! Milig en resta bouche ouverte, puis il répéta :

— En conserve ? Des langoustines en conserve ?

— Comme les sardines ou les maquereaux, précisa François.

Milig n'en revenait pas :

— Ma, fit-il, j'aurais pas eu idée !

— C'est justement parce que personne n'en a eu l'idée qu'il faut l'exploiter. Tu comprends, les grosses usines font la sardine, le maquereau, le thon… On ne peut pas lutter, mais avec de la queue de langoustine…

— Il faut des machines pour ça, avait dit Milig.

— Elles sont là, les machines, avait dit François en montrant le fond de l'atelier où, derrière une sorte de palissade en planches, on apercevait des formes métalliques.

Il se leva et poussa la porte :

— Viens voir !

Les deux hommes traversèrent le magasin sur le sol de ciment encore humide et passèrent derrière la palissade.

Les machines rouillées, tordues, ne payaient pas de mine.

— Tiens, voilà l'étuve, dit François en passant amoureusement la main sur une sorte de chaudière cylindrique. Et la sertisseuse…

Milig fit la moue :

— C'est pas du neuf !

Fanchic s'esclaffa :

— Eh, tu sais combien ça coûte des machines neuves ?

Milig risqua :

— Cher ?

— Trop cher ! dit François. Alors j'ai acheté de l'occasion. Tu sais, il y a eu du *reuz** à Douarnenez…

François ne termina pas sa phrase. Milig avait compris. Il soupira, fataliste : « Ah, la politique… » Et François hocha la tête d'un air entendu. Ouais, la politique… Il était bien décidé à ne jamais se mêler de ça. Ses affaires lui suffisaient bien.

— Où est-ce que tu as eu ça ? demanda Penn Brell plein de soupçons.

— Je les ai achetées, dit François. Tu comprends, après la bagarre, les usiniers se sont fait rembourser par les assurances, ce qui leur a permis de remplacer

* *Ici du* reuz *signifie du tracas, du malheur.*

leurs anciennes sertisseuses et emboîteuses par de nouveaux modèles, plus modernes.

— Ceux-là, dit Penn Brell d'un air entendu, ils savent toujours retomber sur leurs pieds.

— Ouais, dit François.

Après un temps de silence, il ajouta :

— C'est un ferrailleur de Tréboul qui a débarrassé les vieilles machines et moi je les ai rachetées au prix de la ferraille.

— Elles marchent ? demanda Milig.

François assura avec conviction :

— Elles marcheront !

Et il pensait : ça sera comme pour le camion, avec le vieux, je ferai du neuf !

— Et toi tu sais faire des conserves ?

Dire que Milig était sceptique était un euphémisme. Il ne soupçonnait certes pas les qualités de mécanicien de François Carval, car en la matière sa réputation n'était plus à faire, mais de là à s'établir usinier, il y avait de la marge.

— Marie-Louise sait, fit Carval. Elle a travaillé chez Chancerelle.

— Elle a fait la sardine, le maquereau, le thon peut-être, dit Milig, mais la langoustine…

— Personne n'a fait de langoustine, dit François, il va falloir essayer, inventer. Je ne te garantis pas qu'on y arrivera du premier coup, mais il faut bien que quelqu'un essaye.

Milig était partagé entre l'enthousiasme et le scepticisme. Un peu comme un enfant qu'on berce d'un conte de fées, qui voudrait bien y croire mais qui se dit que, tout de même, c'est trop beau pour être vrai.

La langoustine abondait, c'est vrai, il n'y avait qu'à

mettre le chalut à perches à l'eau pour le remplir en quelques heures.

— Alors ? demanda François.

— Alors quoi ? répondit Milig.

— Qu'est-ce que tu en dis ?

Milig fit la moue :

— Je dis que si ça marche, c'est magnifique.

— Ça sera magnifique, assura François avec chaleur. Tu vas voir, mon vieux Milig, tous ces gens qui nous prennent pour des *drochs*… Tu vas voir…

Milig regarda François avec un air de connivence. Telle Perrette portant son pot au lait, le pêcheur, en retournant songeur vers le port, calculait combien ces langoustines à deux francs du kilo allaient lui rapporter.

Le résultat de ses cogitations le faisait sourire d'aise.

Chapitre 22

La mise au point des conserves de langoustines s'avéra plus difficile que François ne l'avait pensé. Les langoustines livrées vivantes par Milig étaient immédiatement cuites à l'eau de mer dans une énorme chaudière. Puis elles étaient étalées sur des tables où elles refroidissaient.

Lorsqu'on pouvait les prendre sans se brûler, les six femmes que François avait embauchées décortiquaient les crustacés dont on ne gardait que les queues.

À l'usage, l'idée de génie s'avérait une fausse bonne idée. La perte était énorme, sur cent kilos de crustacés livrés, il restait sept kilos de chair à mettre en boîte. Le coût de la main-d'œuvre pour décortiquer ces crustacés était également important.

Enfin, au contact des parties métalliques des boîtes, la chair des langoustines noircissait, ce qui lui donnait un aspect peu appétissant.

François pallia cet inconvénient en emballant les queues de langoustines dans du papier sulfurisé. Nouveau surcoût de fabrication. Certes, la chair ainsi traitée restait blanche, mais quand les clients ouvraient les boîtes, ces lambeaux de papier trempant dans la sauce n'étaient guère engageants.

Enfin, les langoustines ainsi préparées n'avaient pas la saveur des fraîches et les chalands ne se bousculaient pas pour acheter ces nouveaux produits qui, de surcroît, coûtaient cher.

Finalement, François eut l'idée d'expédier ses crustacés cuits, ce qui eut plus de succès que les conserves.

D'autres ayant repris son idée de travailler la langoustine de cette manière, le cours de ce petit crustacé monta et devint prohibitif, du moins pour faire de la conserve.

François regrettait maintenant d'avoir investi tant de temps et tant de travail pour retaper ces machines désormais inutiles. Il avait travaillé à les remettre en état jour et nuit pendant des semaines et il rageait sur ce temps et cette peine perdus.

Marie-Louise tentait de lui remonter le moral :

— Ce n'est pas du temps perdu, François, tu verras qu'un jour ça nous servira.

Il ricanait, amer :

— Ouais, quand les poules auront des dents !

— Tu as tort de le prendre comme ça, disait-elle, tu vois tout en noir, ça ne te ressemble pas.

— Qu'est-ce que tu veux en faire ? rageait-il.

— Des conserves ! dit sa femme. Des conserves de sardines, de maquereaux. Ça, on sait faire, ça, les clients aiment. Alors…

— Mais tout le monde le fait ! protestait-il.

— C'est parce que ça marche, disait Malou. C'est ça que les gens aiment.

Il se rendit à ses raisons et on abandonna les conserves de langoustines pour emboîter le thon, le maquereau, la sardine. C'était là une activité saisonnière car ces migrateurs étaient des poissons d'été. La saison du maquereau commençait après le mardi Gras et se terminait au mois de mai. La sardine arrivait alors puis venait le thon.

L'hiver, on continuait d'expédier le poisson frais quand il y en avait et des crustacés.

Mais sur ce secteur-là aussi la concurrence se faisait rude. Le grand vivier de Caroff tournait à plein.

Visitée deux fois par jour par la marée, l'eau des bassins se changeait naturellement, sans qu'il y ait besoin de pompes. Une économie considérable, et une sécurité que François n'avait pas dans son vivier de la palud. Là-bas, les pompes tombaient fréquemment en panne. Il suffisait que la mer travaille pour que du sable en suspension vienne gripper les mécanismes.

On voyait alors Louis Pouliquen accourir, affolé, parfois dans la nuit, et frapper à la porte :

— François, les pompes sont bloquées…

François Carval savait ce que ça signifiait : privés d'oxygène, homards et langoustes, araignées et tourteaux crevaient d'asphyxie.

Harassé du travail de la journée, il devait se lever sur l'heure, et courir une lieue de dune sous le vent et sous la pluie, pour s'atteler aux réparations sous peine de voir tous ses crustacés crever.

Il revenait de ces dépannages éreinté. À cinq heures le réveil sonnait. Malou arrêtait vivement la sonnerie et disait à son homme :

— Reste dormir, François, reste dormir…

Rester dormir et laisser sa femme casser la glace, déplacer les lourdes caisses ? Il n'en était pas question. Il s'habillait à la hâte et descendait à la cuisine où le café chauffait sur la cuisinière.

On était alors en 1934. François sentait ses forces s'amenuiser. Son poumon endommagé le faisait cruellement souffrir; le gros de l'entreprise reposait désormais sur les épaules de Marie-Louise.

Son fils Francis avait été mis en pension au lycée de Quimper avec l'ambition de le voir faire de bonnes études. La petite Pierrette allait à l'école des sœurs, au bourg.

Le camion des débuts avait vécu et un nouvel engin automobile l'avait remplacé: un Citroën tout neuf. François avait fait peindre sur la bâche une étrave fendant la mer et son nom en gros caractères:

François Carval & fils
Conserves fines
Poissons et crustacés
Tel: 18 au Guilvinec

François s'était fait bâtir une maison près de son magasin, face à l'entrée du port, sur un terrain que la veuve Kerfriden leur avait cédé. Cette bonne tante Anna que Francis et Pierrette considéraient comme leur grand-mère commençait à prendre de l'âge.

François veillait à ce qu'elle ne manquât de rien. Il veillait aussi sur Mammig qui avait formellement refusé de quitter sa chaumine de Menez Groaz pour venir habiter au bourg.

— Menez Groaz, c'est ma maison! disait-elle. N'oublie jamais que c'est ton père qui l'a fait construire avec l'or des Anglais!

L'or des Anglais! Ces douze souverains qu'un lord avait donnés à Charles Carval pour avoir sauvé sa petite-fille. Elle s'en souvenait, Mammig, et elle disait, farouche, à son fils, en lui serrant le poignet : « N'oublie jamais, c'est notre maison, c'est MA maison ! »

— Je n'oublierai pas, Mammig, promettait François en souriant, ému par l'attachement de la vieille femme pour cette masure sans confort.

Elle continuait de se louer pour ramender les filets en dépit des protestations de son fils :

— Tu n'as pas besoin de faire ça, Mammig ! Tu te fatigues pour rien.

— Pour rien, protestait-elle, on me paye, parement ! Moi je ne travaille pas pour rien.

Bien sûr, on la payait, quelques petits sous, les propriétaires des filets étaient presque aussi pauvres qu'elle.

Mais Mammig considérait la réussite de son fils avec suspicion. Pour elle, cet enrichissement trop rapide ne pouvait rien apporter de bon. Un véhicule automobile tout neuf et maintenant une luxueuse maison… Tôt ou tard, ça finirait mal !

Il faut dire que l'idée que Mammig se faisait du luxe pouvait prêter à sourire.

En fait, la situation de François n'était pas aussi prospère qu'on aurait pu le penser. À dire le vrai, il n'avait pas un franc liard devant lui. Chaque sou qu'il gagnait était investi dans une nouvelle activité.

On avait abandonné la conserve de langoustines, mais maintenant la pêche de ce crustacé était devenue rentable. Il s'en vendait des quantités importantes sur les marchés voisins de Pont-l'Abbé, de Quimper, de Brest et même de Nantes.

L'arrangement pris avec Milig Penn Brell avait été reconduit et François s'était mis de moitié avec son ami dans l'armement d'une chaloupe motorisée achetée à Concarneau, le *Penn Brell II*.

Les quantités de langoustines que Milig ramenait avec sa nouvelle embarcation avaient triplé. Il se faisait aider de son fils, le petit Émile, et son neveu, Ambroise Cossec, dit Croëz, un gaillard de dix-neuf ans qui devrait bientôt partir faire son service militaire dans la Marine nationale.

Avec cette nouvelle embarcation, Milig ne se sentait plus de joie. Le moteur lui conférait un sentiment d'invincibilité, si bien qu'on le voyait sortir par tous les temps avec une intrépidité qui faisait frémir les anciens.

— Un jour... disaient d'un air entendu les vieux marins assis sur leur banc face à la mer, un jour il restera, c'est sûr.

Et la longue lignée de visages maigres, mangés de barbe grise, s'agitait en cadence pour approuver la prédiction.

Sûr, ce *Penn Brell II* si bien nommé allait tirer sa mort sur lui.

***

Passée la mi-octobre, les jours de pêche à la sardine étaient comptés. Dans trois semaines, dans un mois, on rangerait les filets bleus et puis viendrait *miz du** et *miz kerzu***, les temps sombres de l'hivernage, des canots hissés en haut de la grève, du pain à crédit, du boujaron rare.

Alors, on guettait les jours où l'on pourrait encore essayer de tirer quelques sous de l'eau, les jours où le temps paraissait maniable et où on espérait que

* *Novembre. Littéralement : mois noir.*

** *Décembre. Littéralement : mois encore plus noir.*

le poisson n'était pas encore parti se perdre dans les profondeurs insondables de l'Océan.

En cette fin d'octobre, le vent passa au Nord-Ouest et pendant cinq jours entiers la tempête se déchaîna. Comme souvent, la force du vent était montée avec le coefficient de la marée.

Dans le port, les barques s'entrechoquaient à la pleine mer et les marins, le visage soucieux, venaient dix fois par jour vérifier les amarres. Qu'avaient-ils d'autre à faire? Les logis étaient surpeuplés, les enfants pleurnichaient, les femmes n'étaient pas plus maniables que le temps.

À Menez Groaz, la mer était venue lécher le muret de pierres sèches qui séparait le penty de Mammig de la grève et les plantes, copieusement arrosées par les embruns venus du large, semblaient avoir subi l'épreuve du feu. Mais elles ne devaient leur couleur rousse qu'au sel de la mer.

Au vivier, les crépines qui puisaient l'eau de mer n'arrêtaient pas de se boucher. Le brassage des eaux mettait du sable en suspension dans les mécanismes, les bloquant aussi sûrement que de l'émeri. Quand ce n'était pas le sable, c'étaient les goémons arrachés aux fonds par la tempête qui formaient des bouchons, si bien que Louis Pouliquen n'avait pas pu changer l'eau des crustacés pendant presque une semaine.

Chaque jour il retirait du vivier des langoustes, des homards, des tourteaux crevés faute d'oxygène.

La moitié de la réserve de crustacés mourut avant que François ne puisse réparer les pompes. Tous les jours le camion emportait deux mannes de crustacés morts que l'on faisait cuire dans l'étuve à l'atelier de marée.

Ces crustacés expédiés cuits perdaient la moitié de leur poids et les trois quarts de leur valeur. Cette façon de procéder limitait les pertes, mais ce n'était pas une bonne affaire.

En revanche, le vivier de Caroff, fortifié par une muraille de maçonnerie, n'avait subi aucun dommage. Le gros mareyeur riait des malheurs de François Carval, ironisant sur ses idées géniales d'aller construire un vivier sur la palud déserte de Men Meur où jamais jusqu'à ce jour personne n'avait été assez fou pour s'établir.

Le matin du sixième jour, il y eut une accalmie. Le vent était redescendu au Sud-Est, apportant une douceur de température qui, disaient les vieux, n'augurait rien de bon. Les plus sages restèrent au quai, arguant qu'après ce coup de chien, le poisson était sûrement parti. Se mettre en pêche à cette époque de l'année, c'était perdre son temps et risquer sa vie pour rien.

Seuls quelques traîneurs de lignes espéraient que ce brassage des eaux aurait amené les grands bars à la côte. Ils tentèrent leur chance, suivis par les caseyeurs qui ne voulaient pas laisser les crabes trop longtemps prisonniers de leurs nasses au fond de l'eau. En effet, si les nasses n'étaient pas relevées régulièrement, les homards s'entretuaient volontiers.

Milig fut le premier à quitter le port. Il n'y avait pas de vent, mais son moteur pétaradait à qui mieux mieux.

La mer, qui était agitée de longues houles, restait forte mais ne moutonnait plus. Le *Penn Brell II* avait mis le cap au large de la barrière rocheuse des étocs, vers le *Toul Don** où abondaient les grosses langoustines.

* *Le trou profond.*

Passée la jetée, le vent se mit à souffler irrégulièrement et Milig fit établir les voiles, la misaine et le taillevent. La côte s'éloigna rapidement, le bateau passa derrière cette cathédrale de rocs lugubres et magnifiques qu'on appelle la barrière des étocs, sur laquelle tant de braves marins ont connu leur dernier jour, puis, après avoir pris ses alignements sur ses amers*, lorsqu'il estima l'endroit favorable, Milig jeta son chalut à la mer.

Le bateau se mit en travers et, lentement, lentement, moteur coupé, misaine et taillevent hissés à mi-mât, la chaloupe se mit à traîner son filet. À l'horizon, le ciel se couvrait de nuées couleur de cendre, avec, par endroits, des teintes soufrées.

C'était magnifiquement inquiétant.

— Jamais vu un ciel comme ça! souffla, impressionné, Ambroise Cossec, le neveu de Milig.

C'était un colosse de dix-neuf ans, pas très futé, mais qui, par sa force, valait trois hommes à lui tout seul pour haler une misaine ou pour tirer un filet à bord.

— T'as pas vu grand-chose encore, dit Milig d'un ton léger. Tiens, regarde, on n'avance plus. Il va être temps de relever.

Le filet s'était fait si pesant qu'il agissait comme une ancre sur le *Penn Brell II*.

Poussée par le vent de sud, la chaloupe dérivait dangereusement vers la barrière rocheuse sur laquelle les déferlantes se pulvérisaient en grondant.

Le petit Émile regardait craintivement les longues ondulations venues des tréfonds de l'Atlantique se briser contre les rocs cyclopéens dans un fracas de fin du monde.

* *Points fixes - moulin, tour, clocher, arbre - sur la côte qui, combinés à d'autres, permettent un relèvement pour repérer un roc, une zone de pêche favorable, etc.*

Son père n'avait pas l'air d'en être préoccupé. Il n'avait d'attention que pour ce filet qu'il fallait maintenant remonter.

Le chalut se relevait alors à la force des bras. Milig, son neveu et Petit-Émile, son fils, commencèrent à haler la poche qui semblait plus lourde qu'à l'ordinaire.

— On a croché! dit Ambroise en ahanant.

— Mais non, assura Milig, on a logé*!

Le petit Émile ne disait rien. Il avait douze ans et tirait de toutes ses maigres forces sur ce filet qui lui sciait les doigts.

Enfin la poche apparut, énormément gonflée d'une moisson de langoustines comme ils n'en avaient jamais vu et de poissons aux ventres blancs.

— *Turbods*, fit Ambroise, *turbods maellous***!

Les gros turbots étaient déjà à cette époque des poissons recherchés.

— *Doue benniget*, fit Milig en se signant, *biskoaz kement all****!

Autour d'eux des voiles s'approchaient. Un misainier vint à portée de voix. C'était le *Saint-Nona*, patron Baptiste Le Pape, un fameux ligneur de Kérity qui fuyait vent arrière vers son port d'attache.

— Tu rentres déjà, Baptiste? gueula Milig car il valait mieux hausser fortement la voix pour se faire entendre.

— Ouais, répondit le marin tout vêtu de toile rouge - à la manière des gars de Kérity -, et tu ferais bien de faire pareil, je n'aime pas cette figure de temps.

— Bah, fit Milig, encore un trait…

* *On a fait une bonne pêche, on a rempli le filet.*

** *Des gros turbots!*

*** *Dieu béni, je n'en ai jamais vu autant!*

Baptiste fit la grimace et leva les bras, d'un air de dire : chacun est libre… Puis le *Saint-Nona*, porté par la bourrasque qui forcissait, s'éloigna, escaladant puis dévalant les houles qui commençaient à se crêter de blanc.

Le cul du chalut avait fini par basculer sur le plancher du *Penn Brell II*. Petit Émile, à genoux mettait prestement les poissons en caisse. Ses pauvres doigts bleuis par le froid étaient lacérés par les pinces aiguës des langoustines. Il saignait, mais excité par cette pêche miraculeuse, il ne sentait pas sa peine. Une douzaine de turbots gigantesques faisaient des bonds sur le plancher maintenant couvert de mucus visqueux. Il y avait aussi des soles, des rougets, des colins.

Milig, émerveillé, jubilait :

— Jamais fait un coup de filet comme ça !

Il se pencha sur le moteur et le relança à la manivelle. Le touc touc touc sécurisant du moteur se fit entendre.

Le *Penn Brell II* prit de l'erre et fit cap au large. Le petit Émile et Ambroise continuaient à emplir les caisses en se regardant du coin de l'œil, inquiets. Milig attendit que le bateau soit assez éloigné de la barrière rocheuse avant d'ordonner :

— Allez, on remet à l'eau, les gars !

Le ciel prenait les couleurs de cette encre grasse que crachent les seiches à l'agonie. Des bourrasques accouraient, arrachant des franges d'écume livide aux têtes des lames à présent d'un vert sombre. Un pâle soleil d'or blanc trouait les nues, jetant des lueurs d'outre-tombe sur les flots.

Le neveu regarda Penn Brell d'un air de reproche et risqua :

— Tonton, tu ne crois pas…

Le boiteux se fâcha :

— Encore un trait, je te dis. C'est quand le poisson est là qu'il faut le prendre !

Puis il maugréa :

— Qu'est-ce qui m'a foutu des fainéants pareils ?

— Tous les autres sont rentrés, risqua Ambroise.

— Mais les autres n'ont pas de moteur, mon gars. Nous, on peut étaler le temps ! D'ailleurs, je ne l'arrête pas, le moteur. Comme ça, s'il y a un problème, je n'aurai qu'à embrayer.

Il était tout fier de ce joujou tout nouveau qui le berçait d'un sentiment de sécurité aussi illusoire que dangereux.

Le filet replongea vers les profondeurs glauques en lâchant une myriade de bulles. À peine avait-il atteint le fond qu'un grain noir* fondit sur eux. Ambroise se signa furtivement tandis que Milig lui commandait de prendre un ris supplémentaire. Les deux garçons se hâtèrent à la manœuvre sous une averse mi-eau mi-glace qui les cinglait et rendait toute visibilité complètement nulle. En dépit de sa toile réduite, le *Penn Brell II* se coucha sur la mer et Milig dut larguer les écoutes en jurant : « *Boulhuron !* »**

La mer maintenant se soulevait comme le rata du diable dans une marmite infernale et le bateau, retenu par son filet qui traînait au fond, embarquait des paquets de mer par-dessus la lisse.

Le rideau de pluie était tellement dense qu'on n'y voyait plus rien, mais on entendait, de plus en plus proche, le sourd fracas des vagues s'écrasant sur les rochers des étocs. Le danger était là, devant, et le

* *Survente subite et momentanée souvent accompagnée d'une pluie violente et annoncée par la marche rapide d'un gros nuage noir. D'où son nom.*

** *Juron breton.*

vent poussait inexorablement le *Penn Brell II* vers son destin.

— À la pompe! hurla Milig.

Comme dans toutes les chaloupes construites à cette époque, la pompe était une rudimentaire machinerie de bois à clapet de cuir, incluse dans le banc central du bateau.

Le petit Émile n'avait pas attendu l'ordre. Il pompait frénétiquement l'eau qui s'amassait dans les fonds et alourdissait la chaloupe, mais ce qu'il rejetait était dérisoire en regard de ce qu'ils embarquaient. Les caisses de langoustines et de poissons balayées par la mer nageaient sur le plancher du bateau.

— *Malloz Doue*! jura de nouveau Milig cramponné à sa barre.

Ambroise, comme fou, avait ouvert son couteau et il se précipitait vers les funes* tendues comme des cordes de violon et qui retenaient le chalut au bateau.

— Qu'est-ce que tu fais? hurla Milig.

— Faut couper, tonton! dit Ambroise. Le sac nous tire au fond!

— Malheureux, hurla de nouveau Milig, tu sais combien ça coûte un filet comme ça?

— Moins cher que notre peau, hurla Ambroise.

Cette fois, il était décidé à tenir tête au vieux, il y allait de leur vie.

Il parvint à sectionner l'épais câble de chanvre et le bateau se redressa un peu, mais, comme il allait attaquer l'autre fune, Milig se dressa devant lui, comme fou. Il avait arraché la barre de bois du gouvernail de son logement et en menaçait le colosse:

— Arrête ou je te casse la tête!

* *Cordage employé pour haler un filet. Sur les chalutiers d'aujourd'hui, ces funes - encore appelées jets ou halins - sont des câbles d'acier.*

Ambroise n'avait jamais vu son oncle dans une telle fureur. Milig était un bon patron et un brave homme qui ne malmenait pas les mousses même quand il lui arrivait de boire un coup de trop, mais là, il paraissait prêt à tout. Les deux hommes se regardèrent dans le blanc des yeux, puis, dompté, le jeune matelot replia lentement son couteau et le remit dans sa poche. Alors Milig, en marmonnant une litanie d'injures, réajusta la barre et embraya le moteur.

Le bateau reprit de l'erre toutes voiles battantes puis soudain il parut peiner, le moteur hésita, toussa, se mit à fumer et enfin s'arrêta.

Il n'y eut plus que le bruit du vent dans la mâture, le claquement des voiles mouillées et, en fond, la rumeur sinistre et effroyable de la mer se brisant sur les récifs.

— *Malloz Doue*! jura une nouvelle fois Milig, l'orin est pris dans l'hélice!

Retenu sur son arrière comme par une ancre, le *Penn Brell II*, privé de toute propulsion, n'était plus qu'un bouchon sur les flots déchaînés.

— C'est de ta faute! hurla Milig fou de rage, en tendant le poing vers son neveu. Si tu n'avais pas coupé l'orin, il ne serait pas allé se prendre dans l'hélice.

Ambroise, ulcéré, faillit répondre: « Et toi, si tu ne t'étais pas entêté… » Mais ce n'était plus l'heure de rechercher les responsabilités. Implacablement le *Penn Brell II* dérivait sur la barrière de roches des étocs.

La seule chose à faire était de tâcher de libérer le bateau et pour cela il fallait couper la fune qui s'était prise dans l'hélice et qui empêchait toute manœuvre.

Même si le moteur ne redémarrait pas, à la voile on pourrait s'en sortir.

Le matelot fit passer sa vareuse par-dessus sa tête, prit son couteau ouvert entre ses dents et se jeta dans la mer bouillonnante. Il réapparut à l'arrière, le couteau au poing, le visage déjà cyanosé, le souffle coupé par l'eau glaciale. Puis il replongea après avoir empli ses poumons d'air.

Au bout d'une minute il remonta. Milig le guettait, anxieux.

— Alors ?

— Je l'aurai, souffla Ambroise avant de replonger.

Trois fois, quatre fois il remonta. Le bateau dansait sur une mer bouillonnante et parfois, en se penchant quand une lame le soulevait, on voyait paraître l'hélice emmaillotée dans l'orin. Ambroise se cramponnait au câble, jouant du couteau avec l'énergie du désespoir.

Il avait dû se couper les poignets, les mains, car ses avant-bras étaient rouges de sang. Milig avait préparé un bout* pour hisser Ambroise à bord dès que le *Penn Brell II* serait libéré de son entrave.

Enfin le dernier toron céda et le bateau, que rien ne retenait plus, se leva à la lame et retomba sur la tête du malheureux marin. Il y eut un choc sourd, puis le corps d'Ambroise, inerte, disparut dans les profondeurs glauques.

— Croëz, gémit Milig avec l'accent du désespoir. Croëz, redit-il en hurlant et se penchant pour regarder l'endroit où le malheureux matelot avait disparu. Et il hurla de nouveau dans un sanglot : Croëz ! Croëz ! Mais il ne voyait plus rien.

Le petit Émile, terrifié, pompait toujours. Il ne savait plus si ça servait à quelque chose, mais au moins

* *Sur un bateau on ne parle pas de cordes, mais de bouts.*

l'exercice le réchauffait un peu et l'empêchait d'avoir trop peur.

Il régnait dans le bateau un désordre indescriptible. Les caisses flottaient au gré des paquets de mer qui déferlaient sur le pont. Les poissons avaient regagné leur élément et quelques langoustines se baladaient au gré des flots. De la pêche miraculeuse, il ne restait rien.

Il fallait maintenant essayer de regagner le port. Pour cela, il fallait établir la misaine arisée à deux ris afin de pouvoir prendre de l'erre et remonter assez au vent pour échapper aux récifs dont la menace se précisait.

— Prends la barre ! ordonna Milig à son fils.

Le gamin ne pourrait jamais hisser la lourde voile tout seul mais il pourrait tenir le canot bout au vent.

— Et Croëz ? demanda le petit qui admirait tant son grand cousin.

Milig eut un geste évasif du bras. Il tenta de faire monter la vergue en donnant toute sa force, mais il n'était pas aussi costaud que Croëz et la vergue était peut-être aussi lourde que lui. Il fallait que le petit vienne lui donner la main. Il le héla :

— *Deuz ta* !*

Le petit hésita, lâcha la barre et vint au secours de son père. À eux deux ils parvinrent à établir la voile mais à ce moment un nouveau grain d'une extrême violence s'abattit sur le *Penn Brell II* qui se coucha sur le flanc. Lorsqu'il se releva, il était plus qu'à moitié plein d'eau et il ne gouvernait plus.

La mer aidée du vent les poussait inexorablement vers les rochers qui apparaissaient comme des monstrueux crocs noirs dans une eau blanche d'écume.

* *Viens donc !*

— Ma… Ma… Ma… bégaya Milig effaré.

Il y eut un grand craquement, le bateau venait de talonner.

Projeté en avant, le mousse se cramponna au mât tandis que son père se retenait à la barre désormais inutile.

Le mouvement des flots laissa un instant le canot en équilibre instable sur le dos de l'écueil sournois qui affleurait l'eau, puis une montagne l'emporta et il se brisa en deux contre une roche énorme.

— *Mamm**! cria le petit Émile emporté par la vague.

Il se sentit heurter une surface rugueuse qui lui écorcha les genoux, se raccrocha avec l'énergie du désespoir. Une deuxième vague le propulsa vers le haut et il parvint, en s'arrachant les ongles et la peau des doigts, à monter au sommet de la roche.

De là on pouvait tout voir, mais on ne voyait plus rien. Le *Penn Brell II* avait disparu, son père avec et, si quelques planches flottaient encore, elles restaient invisibles dans cette eau tumultueuse couverte d'écume. Le petit Émile était perché comme un cormoran sur une roche balayée par les embruns, au milieu d'une mer en furie.

Il était trempé, il avait froid, il avait peur et la nuit tombait. Et, comme il n'était ni cormoran ni quelque autre oiseau de tempête, il ne pouvait pas s'envoler pour regagner la terre. Alors il se mit à pleurer.

Depuis la côte on avait suivi entre les grains la lutte désespérée du *Penn Brell II* contre la furie des flots. La chaloupe n'était pas la seule à s'être trouvée en difficulté. Deux autres bateaux qui, comme le *Penn Brell II* s'étaient attardés sur les lieux de pêche, avaient

* *Maman!*

subi le même sort. Il s'agissait du *Champlain*, patron Pierre Larnicol, et de l'*Étoile du Marin*, commandée par Lucien Sénéchal.

Deux bateaux menés par des patrons renommés et des équipages expérimentés qui avaient été retournés comme des fétus par la fureur des flots.

Les guetteurs sémaphoriques de la station de Saint-Pierre ayant donné l'alerte, le tocsin s'était mis à sonner à la Chapelle de la Joie, à Saint-Thumette, à Saint-Nonna, à Saint-Trémeur et ainsi, de clocher en clocher, la funèbre nouvelle se répandait tout au long de la côte et dans l'arrière-pays : il était arrivé un malheur ! Les équipages des canots de sauvetage s'étaient précipités à leur poste sur les bancs de nage.

Le canot de Saint-Pierre, poussé et tiré par toute la population accourue, avait plongé dans la mousse jaunâtre qui recouvrait la mer, et les avirons s'étaient mis en branle en cadence tandis que le patron commandait la manœuvre la barre à la main.

« *Un, daou, un, daou, un, daou…* »*

Propulsé par ses vigoureux rameurs, le canot taillait sa route vers le large lorsque, culbuté par une lame monstrueuse, il avait été roulé comme un fétu de paille.

À Kérity, plusieurs canotiers titulaires, régulièrement apostillés sur le registre, manquaient à l'appel. Et pour cause ! Ils étaient en mer sur les canots en difficulté. Louis Pouliquen, le gardien des viviers de François Carval, chassait dans les marais lorsqu'il avait entendu sonner le funèbre carillon. Il s'était immédiatement précipité vers le port le plus proche qui était Kérity et, voyant qu'on manquait de bras, il s'était déclaré volontaire. Immédiatement embarqué,

* *Un, deux, un, deux…*

il était monté dans le canot que les femmes et les vieillards, dans l'eau jusqu'à la taille, avaient poussé à la mer et, aux ordres du patron, les canotiers s'étaient mis à souquer sur les avirons.

Mais, dépassée la jetée, une mer énorme poussée par le vent du large soufflant en ouragan avait contrecarré leurs efforts et le lourd canot et son équipage s'étaient mis à faire du surplace. Le combat contre les flots était devenu si rude qu'en vingt-cinq minutes les dix hommes ramant comme des brutes n'avaient pas gagné cent mètres. Parfois la taille des vagues était telle que le canot se dressait presque à la verticale. Puis il retombait avec des craquements sinistres pour se dresser et se coucher encore.

Tant qu'il prenait la mer de face, le *Comte Foucher*, tel était le nom du canot de sauvetage de Kérity, parvenait à étaler* Mais, passée la relative protection de la pointe, les vagues venaient de partout... Une nouvelle lame monstrueuse venue sournoisement par le travers balaya le canot de sauvetage, le roulant comme une allumette. Les hommes projetés pardessus le bord dans l'eau glaciale n'avaient pas pris le temps de boucler leur ceinture de sauvetage de kapok**.

Un cri d'horreur s'éleva sur le rivage tandis que le canot était rejeté à la côte. Quelques canotiers, à demi-noyés, furent sortis de l'eau et réconfortés au café le plus proche.

La nuit tomba à cinq heures sans que le temps calmît***. C'était une marée de vive-eau. Un coefficient qui n'était pas exceptionnel mais les conditions

* *Étaler : réussir à se maintenir contre le courant, la mer, le vent.*

** *Fibre végétale réputée pour sa flottabilité et dont on garnissait les gilets de sauvetage.*

*** *Du verbe calmir. Terme de marine, signifiant se calmer.*

climatiques firent que, cette nuit-là, le flot poussé par le vent monta plus qu'à l'équinoxe.

Trempé, transi par le vent glacé, mort d'angoisse, le petit Émile, perché sur son rocher perdu au milieu de la barrière des étocs, en plein cœur de la fureur des éléments, apercevait entre deux rafales de pluie qui lui cinglaient le visage les petites lumières du rivage si proche et pourtant aussi inaccessible que la lune. À intervalles réguliers, le pinceau blanc du phare d'Eckmühl balayait les flots déchaînés.

Le mousse du *Penn Brell II* avait vu avec effroi la mer en furie monter inexorablement à l'assaut de son refuge où personne n'aurait pu venir le secourir.

Il appela sa mère une dernière fois dans un sanglot désespéré quand une vague glacée l'emporta :

— *Mamm* !

Et il n'y eut plus rien.

Chapitre 23

L'aube se leva sur une mer apaisée. Une aube mauve et rose, embaumée de la senteur âcre des varechs arrachés aux fonds marins.

Petit à petit, la mer se retira, abandonnant sa moisson aux goémoniers, ces moissonneurs de la mer qui ne sèment jamais, mais qui récoltent toujours. Ils allaient en groupes, le croc à la main, cherchant des épaves, récupérant tout ce qui pouvait être récupéré, planches désassemblées, panneaux de cale, orins et apparaux*. Ici un aviron, là un morceau de filet.

Ainsi le petit peuple de la côte suivait-il la retraite du flot pas à pas. Deux carcasses de chaloupes disloquées gisaient, à demi ensablées sur le haut de la grève, taches funèbres sur le sable trop blanc. Il s'agissait du *Champlain* et de l'*Étoile du Marin*, engloutis à deux encablures de la côte.

Le *Léon Dufour*, de la station de Saint-Pierre, et le *Comte Foucher*, de Kérity, canots réputés insubmersibles, gisaient, encore pleins d'eau, profondément ensouillés dans la grève.

Les femmes des disparus étaient déjà en coiffe de deuil, le visage dur, vide d'espoir.

** Les mots agrès et apparaux désignent l'ensemble de l'équipement d'un navire pouvant encore servir.*

Un cri retentissait comme une sentence de mort :

— *Aman** !

On se précipitait vers le corps qui gisait dans les goémons, l'angoisse au cœur, et une femme s'effondrait, que ses voisines soutenaient.

On apercevait le visage blafard de la victime, tout taché de fragments de varechs verts et bruns et on soulevait le corps pour le déposer sur un brancard à goémons fait de grosses planches brutes, que deux hommes remontaient vers le haut de la grève. Les bras raidis du cadavre dépassaient de chaque côté du brancard et une femme suivait, essuyant le visage du défunt avec un grand mouchoir à carreaux.

— Étienne... Étienne... sanglotait-elle.

Mais déjà un autre cri couvrait les pleurs des veuves, des mères, des petits enfants et le halètement des porteurs de civières :

— *Aman* !

Cette fois la douleur n'était plus muette. On avait retrouvé le petit mousse du *Penn Brell II*. Un cri de bête jaillit d'une poitrine.

— *Milig ! Ma mab bihan*** !

Le pauvre petit mousse avait été drossé sur les roches. Son visage était meurtri, la peau de ses mains et de ses pieds nus, à vif, et il avait gardé dans ses yeux grands ouverts une telle lueur d'épouvante et de désespoir qu'elle effraya les vivants qui l'aperçurent et hanta longtemps leurs nuits.

Sa mère, car c'était sa mère qui le tenait embrassé sur le brancard, au risque de le faire chavirer, poussait des hurlements de louve blessée. Dans la même journée elle venait de perdre son mari, son fils aîné et son neveu.

* *Ici !*

** *Émile, mon petit garçon !*

Elle se retrouvait seule au monde, sans ressources, avec trois enfants dont un était encore au berceau.

François Carval, prévenu, s'était précipité. Il faisait partie des hommes qui sondaient les roches. Quand il sut que le petit Émile avait été trouvé, il revint à pas lents vers la veuve du boiteux et lui posa la main sur l'épaule.

Il se sentait effroyablement las, accablé par cette catastrophe qui le privait de deux de ses meilleurs amis. Car au fil du temps, Émile Tirilly était devenu un ami. Bossu, boiteux, contrefait mais toujours d'humeur enjouée, Penn Brell savait faire rire François même quand ses soucis le poussaient à la morosité.

Louis Pouliquen gisait, lui aussi, parmi les victimes alignées sur l'herbe rase. Le visage du premier maître, ordinairement si sombre, paraissait apaisé. Huit corps que la mer, non contente de prendre leur vie, avait drossés férocement sur les rochers, reposaient sur la dune. Tous portaient des plaies béantes à la tête, aux mains. Des membres rompus, figés par la rigidité cadavérique, prenaient des angles bizarres.

Les femmes s'étaient regroupées, agenouillées dans l'herbe rase, et une plainte funèbre, un geignement collectif, expression d'une douleur totale venue du fond des temps, sourdait de ce bloc d'orantes toutes de noir vêtues.

Hébété, François ne trouvait plus la force de pleurer. Il avait traversé toute la guerre aux côtés de Louis Pouliquen. Deux fois ils avaient fait naufrage ensemble, deux fois ils s'en étaient sortis, l'un aidant l'autre, dans des circonstances effroyables, si bien qu'ils pensaient que rien désormais ne pourrait plus leur arriver.

Et voilà, le corps de son copain gisait là, sur la grève, et tout était fini.

L'épagneul avait retrouvé son maître et, assis près du cadavre, il tremblait en geignant à petits coups et regardait autour de lui d'un air craintif.

François sentit qu'on lui touchait le bras. Un très vieil homme à la barbe broussailleuse, qu'il connaissait sous le patronyme de tonton Lom, lui tendait un fusil de chasse à canon double.

François reconnut le fusil à broches de son ami et sa ceinture de cartouches. Le vieux dit d'une voix éraillée :

— Il m'avait dit de garder son fusil pour quand il reviendrait...

Et il eut un mouvement de tête vers la rangée de cadavres. Eh oui, mais là où il était, Louis Pouliquen n'aurait plus besoin de son arme.

— Merci, dit François au vieux d'une voix éteinte.

Il se sentit frissonner. À la recherche des cadavres, il s'était aventuré dans l'eau jusqu'à la taille et maintenant le froid lui paralysait le bas du corps.

Il se mit à tousser et s'aperçut, en crachant, que sa salive était rose. Alors il remonta dans son camion et retourna vers sa maison, le souffle court, la poitrine fouaillée par une douleur lancinante.

Chaque cahot lui arrachait une plainte, chaque manœuvre du volant faisait perler une sueur froide sur son front. Il sentit une angoisse mortelle l'envahir, un voile noir passa devant ses yeux et il se dit bêtement : « Il fait donc déjà nuit ? » avant de perdre connaissance.

Ce furent deux commis de ferme rentrant au crépuscule sur leur char à banc qui trouvèrent le camion au fossé. Voir un véhicule automobile c'était déjà rare, mais le voir ainsi désemparé, les roues avant dans l'eau du marais, l'arrière soulevé, donnait à penser.

Ils s'en approchèrent prudemment. François, inconscient, était affalé sur le volant. Un des gars le reconnut. Il s'appelait Yves Cochou et il était *mevel braz** à la grande ferme du Méjou, en Plomeur :

— *Gast*! C'est François Carval, de Menez Groaz.

— *Mezv dall*! dit l'autre en crachant par terre avec mépris.

— Saoul il n'est pas, dit l'autre. Et, voyant du sang sur le menton de François, il s'exclama :

— *Gloazet eo*** !

Son compagnon, un vieil ouvrier agricole un peu fruste, avait hâte, sa dure journée de travail terminée, de retourner à la ferme avaler sa soupe aux choux, sa tranche de gros pain et son morceau de lard, puis de retrouver sa paillasse sous le toit de chaume.

— Allez, viens, grogna-t-il avec humeur, il n'avait qu'à pas tant boire !

— Je te dis qu'il n'est pas saoul, dit Yves Cochou, m'aideras-tu à le tirer de là Vicenn' Loussouarn ou es-tu le dernier des *pemoc'h* ?

La voix de Cochou - qui n'était pas toujours commode - s'était faite agressive et le bonhomme, en grommelant, vint, de mauvaise grâce, prêter main forte à son compagnon. À eux deux ils portèrent le blessé jusqu'à la charrette et l'allongèrent sur des sacs de jute qui avaient autrefois contenu des pommes de terre.

— On n'aura pas un grand détour à faire, dit Cochou, on va passer par Menez Groaz et on le laissera chez sa mère.

* *Grand valet, sorte de contremaître, homme de confiance du fermier*

** *Il est blessé!*

Et, comme son compagnon continuait de ruminer sa désapprobation, Cochou l'apostropha :

— Et ferme donc ta grande gueule, Vicenn' Loussouarn, on ne peut pourtant pas laisser un chrétien mourir comme un chien au bord de la route !

Dompté, Vicenn' se tut mais pendant tout le trajet il resta d'humeur maussade. C'était un petit bonhomme d'une cinquantaine d'années, râblé, aux mains énormes, qui était commis à la ferme du Méjou Vraz depuis toujours. Vieux garçon, dur à la tâche, il dormait dans une soupente au-dessus de l'écurie et la rumeur laissait entendre qu'il ne parlait qu'à ses chevaux.

Prétendre, comme venait de le faire Yves Cochou, qu'il avait « une grande gueule » était très abusif. Les jours de pardon il prenait des cuites monumentales et devenait alors d'humeur querelleuse. Hors ça, sombre, renfermé, ne sachant s'exprimer autrement que par la violence, il vivait replié sur lui-même.

Lorsque la charrette brinquebalante s'arrêta devant la chaumine de Mammig, la nuit tombait. Une femme l'aperçut et s'enfuit en se signant. Avait-elle cru voir l'*Ankou** ? Probablement. Les deux hommes entendirent des portes qui se fermaient et ils durent frapper longuement sur les volets de Mammig pour qu'enfin elle vînt, tremblante, entrebâiller la porte pour voir ce qui se passait.

Lorsqu'elle reconnut le valet de la ferme de Méjou Vraz, elle reprit un peu de son sang-froid.

— C'est vous, Yves Cochou ? coassa-t-elle d'une voix trémulante en reconnaissant le grand valet de la plus belle ferme du pays. Vous avez donc à faire chez moi ?

* *Personnalisation masculine de la mort figurée par un squelette portant une faux et voyageant dans une charrette, Karrig an Ankou, aux essieux grinçants.*

Sa voix, ce disant, n'était toujours pas assurée.

— C'est rapport à François, dit Cochou embarrassé, il a eu un accident.

— *Ma Doue**! s'exclama la vieille en ouvrant sa porte tout à fait. Il est mort?

— Non, je ne crois pas. Mais on ne savait pas où le mettre alors on l'a ramené chez vous.

— *Ma Doue! Ma Doue!* redit la vieille femme en se signant à tour de bras. Il n'y avait donc pas assez de malheur?

Elle faisait bien sûr allusion au terrible drame de la mer qui venait de se produire chez les voisins de Kérity, à moins d'une lieue de Menez Groaz.

Les deux hommes portèrent le corps inerte de François à l'intérieur du penty. Mammig ouvrit le lit-clos et ordonna:

— Posez-le là.

Et, tandis qu'ils le plaçaient dans le lit, Mammig continuait de se signer en invoquant le Seigneur et en répétant: *Ma Doue! Ma Doue!*

Les deux hommes repartirent dans la nuit sans que Mammig ait pensé à leur offrir un verre de *gwin ardant*** et ce manque de savoir-vivre assombrit encore l'humeur de Vicenn' Loussouarn. Fallait-il que la vieille femme soit troublée pour oublier ainsi les convenances!

Mais, à cet instant, Mammig n'avait rien à faire des convenances.

Elle rajouta du bois dans l'âtre et courut chercher de l'aide chez les voisins. Gaïdig Cariou, la mère de Laurent, le commis de François, accourut aussitôt et elle envoya sa fille prévenir les autres voisins qu'un malheur était arrivé à François Carval.

* *Mon Dieu! - prononcer Ma Doué.*

** *Eau-de-vie.*

Aidée par les voisines, Mammig avait débarrassé François de ses vêtements mouillés et elle avait aussi passé un linge humide sur son menton taché de sang.

François n'avait pas repris connaissance, sa respiration était imperceptible et il était pâle comme la mort. De temps en temps, une quinte de toux le secouait et un filet rouge perlait à la commissure de ses lèvres.

Mammig essuyait ces sécrétions avec angoisse. Son camarade Laurent Cariou avait secoué la tête avec peine et Mammig avait entendu prononcer le mot terrible: « poitrinaire ».

« Poitrinaire », c'est ainsi qu'on nommait les malheureux qui étaient frappés par la tuberculose, maladie qui faisait alors de terribles ravages. On racontait des histoires terrifiantes de familles entières décimées par ce mal aussi mystérieux qu'implacable que personne ne savait guérir.

Dans ce pays d'hommes rudes, il n'y avait d'autre loi que celle du plus fort. Toute faiblesse physique était regardée comme une tare et le malade, s'il était plaint, était aussi méprisé.

On avait éloigné les enfants et Mammig était restée seule avec son gars tandis que Laurent Cariou partait à pied, par le sentier de dune, porter au port la nouvelle du malheur qui était arrivé au mareyeur.

François resta inconscient toute la semaine. Puis il revint à lui dans le lit qui l'avait vu naître quelque quarante années plus tôt, aussi faible que le nouveau-né qu'il était alors.

Une pâle lueur filtrait dans une pénombre calme et tiède, caressant au passage les montants de châtaignier poli du lit clos, faisant luire comme des petits soleils les clous de cuivre dont était orné le vaisselier à fuseaux tournés, éclairant les naïves ornementations des assiettes en faïence de Quimper.

— Où suis-je? se demanda-t-il en ouvrant péniblement les yeux.

Puis il reconnut l'odeur de bois brûlé mêlée de senteur de lessive et de soupe aux choux.

Les maisons ont toutes leur odeur et aucune n'est semblable aux autres. Si, par quelque mauvais sort, François avait perdu la vue, en franchissant le seuil de cette maison il ne s'en serait pas moins écrié sans risque de se tromper, « Je suis chez ma mère! »

Ce rai de soleil venait de la fenêtre étroite, il s'était faufilé dans un interstice des épais volets de bois que Mammig n'avait pas encore ouverts.

La nuit était passée sans qu'il s'en aperçût. Dans la pénombre il entrevoyait des ombres silencieuses comme des fantômes - mais n'étaient-ce pas des fantômes? - qui se mouvaient en silence.

Il percevait des voix discrètes, inquiètes, et devinait, sous le manteau de la cheminée, le grincement du soufflet qui ranimait les braises.

Puis une main fraîche se posa sur son front brûlant.

— François…

C'était Malou qui était là. Sa Malou, si coquette, qui n'avait pas pris le temps de poser le fuseau de dentelle sur la sous-coiffe de toile noire, sa Malou dont la voix vibrait d'angoisse.

Il prit la main, la serra contre sa joue où la barbe piquait.

— Louis… dit-il, Milig… Petit Émile…

Elle sentait les larmes ruisseler sur ses joues. Tous morts. Et ils n'étaient pas les seuls. La flotte du quartier maritime avait payé un lourd tribut à ce coup de vent féroce qui s'était abattu sans crier gare. Trois bateaux de pêche perdus en vue de terre, deux canots de sauvetage réputés insubmersibles renversés, vingt-sept noyés, dix-neuf veuves, trente-cinq orphelins…

François balbutia :

— Que m'est-il arrivé ?

Il ne se souvenait de rien. Le vide, le trou noir…

Malou le regarda, follement inquiète. N'avait-il pas perdu la tête ?

— La tempête, dit-elle.

— Oui, fit-il impatiemment, je sais, la tempête…

Sa voix était rauque, il cherchait son souffle…

— Je me souviens… J'ai cherché les corps… Quand j'ai vu Louis et le petit Émile couchés là sur la grève, ça a été pire que tout ce que j'avais vu pendant la guerre. Et pourtant j'en ai vu du malheur, tu sais, Malou !

De grosses larmes roulaient sur ses joues creuses avant d'aller se perdre dans sa barbe dure.

Elle hochait la tête. Oui, elle savait.

— Et Milig ? demandait François. Est-ce qu'on a retrouvé Milig ?

Les corps du patron du *Penn Brell II* et celui d'Ambroise, son neveu, restaient introuvables. La mer n'avait rendu que celui du mousse.

— Pas encore, dit-elle.

— Ah…

Si elle rendait le corps de son ami, quand la mer le rendrait-il ? Il y a des fois où elle ne rend rien, la mer, des fois où on enterre un cercueil vide…

Il resta un moment silencieux, cherchant sa respiration avant de redire dans un souffle rauque :

— Je me souviens, la grève… J'ai eu mal dans la poitrine, comme un coup de couteau… j'ai voulu rentrer à la maison et je suis monté dans le camion. Après… Après… Je ne me souviens plus !

Chaque mot le déchirait. Il s'arrêta, hors de souffle, exténué d'avoir tant parlé.

— Tu as dû avoir un malaise, dit Malou, le camion est allé au fossé et deux hommes t'ont ramené chez Mammig.

— Le camion ! Il est… s'exclama-t-il.

— Ne t'inquiète pas, dit-elle, on l'a sorti du fossé avec des chevaux. Laurent l'a ramené chez nous.

— Laurent, dit-il ému, c'est un bon gosse !

Elle hocha la tête.

— Oui, c'est un bon gosse !

Elle lui épongea une nouvelle fois le front en disant :

— Tais-toi maintenant, ne te fatigue pas.

Et elle pensait : heureusement que Laurent est là ! François ne reprendrait pas le travail de longtemps… Si jamais il pouvait le reprendre un jour !

Restait le magasin de marée, le vivier à crustacés inutilisable maintenant que Louis Pouliquen était mort et que François ne pourrait plus réparer les pompes.

Il faudrait pourtant fournir les clients comme si de rien n'était, sous peine de les voir partir à la concurrence.

Et puis l'usine qu'ils avaient eu tant de mal à monter, ces machines qui avaient coûté tant d'argent et de peine… Et leurs ennemis, car il s'agissait bien d'ennemis et non plus de concurrents, le gros Caroff qui triompheraient.

À cette pensée, Malou serra les dents et les poings. Jamais elle ne baisserait les bras devant ce gros rouquin venu de Douarnenez avec sa « penn sardin » aussi haute et large qu'un menhir et guère plus gracieuse, pour se tailler un empire au pays bigouden, jamais!

Si François avait vu la lueur qui allumait les yeux de sa Malou à cet instant, il en aurait été effrayé. Mais il ne voyait plus rien, il était retombé sur l'oreiller, le front moite, épuisé par l'effort qu'il venait de faire pour parler à sa femme.

Il navigua longtemps entre la vie et le rêve. Il lui semblait flotter dans l'éther au-dessus de la planète et regarder sa vie avec les yeux de l'au-delà. Si ce n'était que ça, la mort, on avait bien tort de s'en faire une montagne.

Puis il ouvrit les yeux et, comme un mirage sortant de l'ombre, deux mains apparurent, deux vieilles mains tavelées de brun, des mains qui avaient beaucoup servi, qui s'étaient ridées sous le soleil, crevassées dans le froid, usées à tirer sur l'aiguille à ramander, à bêcher la terre, à ramasser le goémon sur la grève. Et ces mains tenaient un bol fumant qui répandait un fumet délicieux.

— Je t'ai fait de la soupe de poule, dit Mammig.

François mesura l'étendue du sacrifice. Sa mère avait immolé une de ses pondeuses pour lui concocter ce brouet délicat.

Il se redressa à grand-peine, prit le bol et huma le fumet sur la surface duquel flottaient les yeux jaunes de la graisse du poulet.

— Ça sent bon, dit-il.

Elle le regardait boire à petites gorgées avec une ferveur et une satisfaction indescriptibles, de ses yeux cachou brûlant d'une jeunesse retrouvée, puisque son fils François, son petit dernier, lui était rendu.

Elle lui prit le bol des mains et déclara :

— Le docteur a dit qu'il fallait que tu te reposes et que tu manges bien.

— Le docteur ? Vous avez fait venir le docteur ?

— Il fallait bien, mon pauvre François, tu ne te réveillais plus. On a bien cru que l'Ankou allait t'emporter.

— Il faut pourtant que je retourne chez moi, dit François, il y a le magasin, les clients… Jamais Malou ne s'en sortira toute seule !

— Le docteur a dit qu'elle ne tarderait pas à être toute seule si tu ne te reposais pas ! Tu ne crois pas qu'il y a eu assez de veuves ? Tu veux en faire une de plus ?

François n'insista pas, la tête lui tournait. Le seul effort qu'il avait fait pour se redresser l'avait épuisé. Mammig avait raison.

— Mais quel jour on est ? demanda-t-il.

— Jeudi.

— Jeudi ? C'est donc hier…

— Non mon fi, dit la vieille, c'était hier plus toute la semaine.

— Il y a une semaine que je…

— Oui, tu es là depuis toute une semaine pendant laquelle tu n'as fait que dormir et déparler pendant ton sommeil.

Il s'inquiéta :

— Et toi, Mammig, où as-tu dormi ?

— Moi, fit la vieille d'un ton bourru, j'ai mis ma paillasse dans le petit lit-clos.

Le petit lit-clos était l'endroit où dormait sa sœur Marie quand ils étaient enfants. Les garçons se partageaient le grenier et les tas de filets, la fille avait un régime de faveur.

Bien que Mammig ne fût pas grande, elle devait se trouver toute recroquevillée dans ce petit espace.

— Tu n'es pas bien là-dedans, fit-il sur un ton de reproche.

— Bah! À mon âge on n'a guère besoin de sommeil, dit-elle. Et puis j'y suis très bien!

Le ton n'admettait pas de réplique. François s'assoupit de nouveau.

Les funérailles solennelles des victimes avaient eu lieu pendant qu'il était plongé dans ce sommeil profond dont on avait craint qu'il ne sortît jamais. Il n'avait donc pas pu assister à l'office des morts.

Il y avait eu du beau monde pourtant, l'évêque avec sa mitre et sa crosse, entouré d'une kyrielle de prêtres venus des paroisses environnantes, le préfet en tenue d'apparat, les maires, conseillers généraux et une foule en grand deuil que photographiaient des journalistes venus de Paris dans des éclairs de magnésium. Il y eut de beaux articles pleins d'émotion, avec des photos sur papier glacé dans le grand magazine de luxe *l'Illustration*.

Et puis d'autres grands malheurs survinrent de par le monde, des tremblements de terre en Asie, des famines en Afrique, des guerres en Amérique du Sud, l'irruption d'un volcan en Océanie. Le drame de la palud de Penmarc'h n'était qu'un tout petit chapitre dans cette cohorte de malheurs.

On l'oublia, comme on oublie toute chose.

***

La mer ne rendit jamais le corps de Milig Penn Brell ni celui d'Ambroise, son neveu.

François restait faible. Des semaines durant, il fallut le nourrir comme un enfant et Malou, pendant tout ce temps, vint le visiter chaque jour en parcourant la lieue de dune à pied.

Il tenta bien souvent de protester :

— Tu as bien assez de travail... Tu pourrais attendre le dimanche.

Elle secouait la tête, obstinée. Son homme avait besoin d'elle, il n'était pas dit qu'elle faillirait.

Même Mammig avait dû reconnaître :

— Tu as de la chance d'avoir une femme comme ça !

Oui, il avait de la chance d'avoir Malou... La petite ouvrière de chez Chancerelle était devenue une maîtresse-femme. En l'absence de son mari, elle achetait le poisson, le vendait par téléphone, l'expédiait aidée de son commis, Laurent Cariou, qui allait sur ses vingt-trois ans.

Laurent assurait désormais les livraisons et le transport quotidien de la marée jusqu'à Pont-l'Abbé.

On avait dû abandonner le vivier de la palud après la mort de Louis Pouliquen car les distances étaient devenues un obstacle insurmontable, comme l'entretien des pompes que François ne pouvait plus assurer.

Pour les crustacés, on en était revenu à un vivier flottant dans le port mais Caroff monopolisait désormais la plus grosse partie de cette activité.

D'autres maisons de mareyage s'étaient développées et, pour la maison Carval, c'était désormais le temps des vaches maigres. On ne prenait plus guère de personnel, faute de pouvoir le payer, mais Marie Tirilly, la veuve de Milig Penn Brell, avait toute sa place dans l'entreprise. François l'avait exigé.

Lorsque leur fils, Francis, revenait en vacances de sa pension de Quimper, il était aussitôt embauché pour le travail du poisson. Le garçon travaillait bien à l'école et il venait d'avoir son certificat d'études.

Lui qui avait passé une enfance insouciante à jouer dans le port, à faire des courses à la godille, à nager et plonger au bout de la cale avec les copains de son âge, avait subi cette mise en pension comme un châtiment totalement immérité. Il vit, dans la maladie de son père, l'occasion d'échapper à cette prison qu'était la pension.

En 1938, après l'examen, il décida de quitter l'école. Ses copains naviguaient déjà à la pêche sur le bateau de leur père, d'un oncle ou d'un ami de la famille. Le dimanche, ils paradaient, farauds, dans les pardons, les bals et les fêtes foraines, fiers de dépenser les sous gagnés à pêcher la sardine.

Il n'y eut rien à faire pour contraindre Francis à retourner à la pension, au grand dam de son père qui voulait le pousser dans les études.

— Je ne vais pas laisser ma mère se tuer à la tâche, déclara-t-il. J'en sais bien assez pour acheter et vendre du poisson.

À quatorze ans, Francis était plus grand que son père et fort comme un homme. Sa détermination à ne pas céder aux injonctions de son père était sans failles.

— *Penn kalet*!* jurait François. Celui-là n'en fera jamais qu'à sa tête!

— C'est un Carval! disait Marie-Louise avec un

* *Tête dure!*

mince sourire. Mon pauvre homme, les chiens ne font pas des chats !

— Heureusement qu'il y a celle-ci, disait François Carval en caressant la tête de sa fille Pierrette.

Pierrette était une enfant docile, tout à l'inverse de son cabochard de frère. Elle était en pension chez les sœurs à Quimperlé, dans une institution de grande réputation qui accueillait les jeunes filles de bonne famille du département. Elle obtenait d'excellentes notes et apprenait à jouer du piano, ce qui flattait fort ses parents.

Francis, lui, n'apprenait rien d'autre que le métier de mareyeur pour lequel il manifestait les plus grandes dispositions.

Débarrassé de la menace scolaire, il se mit immédiatement au travail avec une ardeur et une volonté peu communes.

Le port se développait tous les jours et, comme l'avait prédit François, les camions automobiles avaient remplacé les charrettes pour transporter le poisson à la gare de Pont-l'Abbé. La confrérie des cochers, si redoutée, n'était plus qu'un mauvais souvenir.

On a vu comment leur meneur, Corentin Le Pape, avait fini misérablement sa vie.

Ses compagnons les plus âgés étaient retournés louer leurs bras dans les fermes et quelques-uns des plus jeunes avaient appris à conduire les camions qui transportaient la marée.

Un de ceux à qui François avait appris à conduire possédait même plusieurs véhicules avec lesquels il desservait Brest, Vannes, Nantes, Saint-Brieuc…

Dans le fond du port, une demi-douzaine de chantiers construisaient des bateaux de plus en plus grands.

Des ateliers de mécanique, des forges, s'installaient sur les quais.

Chez les Carval, Malou menait les affaires avec une vigueur et une compétence qu'on n'aurait pas soupçonnées. Francis s'était rapidement affirmé comme un petit patron plein d'avenir et Laurent Cariou était toujours l'homme de confiance. La femme de Milig Penn Brell, Marie, travaillait au magasin de marée et ses deux filles aînées faisaient la saison de sardine à l'usine.

Car Francis, avec l'inconscience de la jeunesse, s'était lancé fougueusement dans la fabrication de conserves, conseiller par sa mère qui n'avait pas hésité à recourir aux avis éclairés de monsieur Pérennec, désormais en retraite.

Les machines retapées par François Carval donnaient toute satisfaction. Bien diminué depuis son accident dans les marais, celui-ci limitait maintenant son activité à leur entretien et à leur réglage, ce qui était précieux.

Sur la palud, les cyprès et les pins que Louis Pouliquen avait plantés malgré les sarcasmes des commis aux écritures de la mairie commençaient à prendre de la taille. Cependant le vivier avait été abandonné, les portes barrées par des planches clouées en travers condamnaient son entrée.

La dune avait retrouvé sa solitude des temps anciens.

La petite usine des Carval employait une vingtaine de femmes pendant la saison d'été et elle faisait figure de parent pauvre auprès des grandes maisons dont les noms s'étalaient orgueilleusement en lettres de deux mètres de haut sur des frontons ocre ou blancs. Des centaines d'ouvrières en coiffe se pressaient chaque jour à l'embauche, et le poisson y arrivait par camions entiers.

De hautes cheminées de briques rouges qui fumaient nuit et jour répandaient sur la ville une odeur de friture qui devenait écœurante quand le vent de la mer ne parvenait pas à la chasser.

Le vieux port était devenu trop petit et les canots s'y entassaient dans une sécurité précaire. Presque tous, maintenant, étaient équipés d'un moteur et on entendait à l'aube la flottille prendre la mer dans une joyeuse pétarade.

Certains patrons s'étaient même risqués à faire construire des bateaux de formes différentes, longs, étroits et pointus, plus légers que les chaloupes traditionnelles et plus adaptés à la motorisation, qu'on appelait des « pinasses » parce que cette nouvelle mode venait du bassin d'Arcachon et que ces bateaux étaient construits en bois de pin.

Ces pinasses, longues et effilées, bénéficiaient d'une barre à roue abritée dans une cabine vitrée posée à l'arrière du bateau. Et, en arrière de cette cabine, un mâtereau* portait une petite voile triangulaire, dite « de cape », qui servait à maintenir le bateau dans le lit du vent lorsque le moteur était coupé.

Avec ce nouveau type d'embarcation, les marins pouvaient traquer la sardine l'été et, munis de deux potences de fer, traîner un chalut au printemps et à l'automne.

Finalement, Penn Brell avait été un précurseur avec son chalut à perches et, comme toujours, ce furent ceux qui l'avaient le plus raillé qui l'imitèrent avec le moins de vergogne.

** Terme de marine : petit mât (ici d'artimon).*

Ces premiers bateaux entièrement conçus pour naviguer au moteur étaient encore de petites unités qui n'excédaient pas quinze mètres de long.

À l'usage, on s'aperçut que si ces pinasses effilées et étroites, taillées pour la vitesse, donnaient satisfaction pour la pêche à la sardine, elles n'étaient guère adaptées à la pratique de la drague.

Les constructeurs du Guilvinec les allongèrent un peu, les élargirent beaucoup, renforcèrent les membrures et les bordés qui ne furent plus en pin, bois léger mais médiocre, mais en bon chêne de pays. Ils s'étaient pour cela inspirés d'un nouveau type de bateau de Lorient qui s'appelait le Malamok, autre nom du pétrel fulmar, ce magnifique oiseau de haute mer que les pêcheurs de Terre-Neuve appellent aussi le dindin.

Ce type de bateau - qui avait gardé le nom du premier de la série - allait faire la fortune du Guilvinec.

On était en 1938, de l'autre côté du Rhin, des bruits de bottes se faisaient entendre…

FIN de la première partie.

Inscrivez-vous gratuitement,
et sans aucun engagement de votre part,
à notre bulletin d'information
en nous retournant le coupon ci-contre.

Vous serez informé(e) des parutions en exclusivité,
pourrez bénéficier d'offres spéciales,
recevoir des cadeaux, etc.

Chaque nouvel inscrit recevra
une petite surprise Mary Lester…

Rejoignez-nous vite !

Et n'hésitez pas à proposer l'inscription
à vos parents et amis…

Je désire m'abonner gratuitement
au bulletin d'information des Éditions du Palémon :
je serai informé(e) des parutions
des Enquêtes de Mary Lester et autres ouvrages,
ainsi que de l'actualité et des offres Palémon.

Nom ....

Prénom ....

Adresse ....

....

....

Code Postal ....Ville ....

Pour encore plus d'offres et d'infos,
indiquez votre adresse e-mail :

E-mail ....@.....................

Bon à compléter ou à recopier
et à retourner par courrier à l'adresse suivante :

ÉDITIONS DU PALÉMON
ZA de Troyalac'h
10 rue André Michelin
29170 SAINT-ÉVARZEC

MAM01

Retrouvez les ouvrages de Jean Failler,
les enquêtes de Mary Lester,
et tous les titres des Éditions du Palémon sur :

www.palemon.fr

ÉDITIONS DU PALÉMON
ZA de Troyalac'h - 10 rue André Michelin
29170 SAINT-ÉVARZEC
02 98 94 62 44
Dépôt légal 4e trimestre 2009

ISBN : 978-2-916248-01-1

Achevé d'imprimer
par l'Imprimerie Laballery (508007)
4e tirage
Imprimé en France